Barbara Müller

Kreuzstich Alphabete

rosenheimer

Vorbemerkungen

Alphabet (nach den griechischen Buchstaben Alpha, Beta), das ABC, die Gesamtheit der Schriftzeichen eines Schriftsystems in ihrer herkömmlichen Anordnung ...

Brockhaus, 18. Auflage, 1984

So wissenschaftlich ist dieses Buch nicht. Es enthält vielmehr eine Sammlung alter und neuerer Kreuzstich-Alphabete in den verschiedensten Arten: große und kleine, breite und schmale, verzierte und nüchterne, einfarbige und bunte – für jede Gelegenheit das passende Monogramm.

Monogramme sind mehr als bloße Verzierung. Sie erst machen ein Wäschestück zu einem ganz persönlichen Gegenstand. Unsere Mütter und Großmütter haben ihre ganze Aussteuer mit Monogrammen und oft auch mit den Jahreszahlen versehen. Wir freuen uns heute, wenn wir so die Stickerinnen dieser schönen Dinge ausmachen können.

Diese gute alte Tradition ist wieder aktuell geworden. Der Vater meiner Freundin arbeitete für seine Frau eine wunderschöne Tischdecke. Am Rand stickte er beide Monogramme und die Jahreszahl ein. Dazu bestimmte er, daß alle folgenden Erben der Decke das auch tun sollen. So entwickelt sie sich langsam zu einem kleinen Stammbaum der Besitzer. Ich finde die Idee sehr hübsch, denn so ein gutes Stück hält doch einige Generationen aus.

Monogramme sollte man sorgfältig auswählen. Sie müssen gleichermaßen zum Besitzer wie zum Gegenstand passen. Für einen Herrenbademantel wählt man eher nüchterne Initialen, für eine Trachtenbluse mehr verspielte, für ein Taschentuch kleinere als für eine Tischdecke.

Zu einigen Alphabeten scheint mir eine besondere Erklärung nötig. Auf den Seiten 20/21, 34/35 und 76 finden Sie Buchstaben, die sich ineinandersticken lassen. Beispiele dafür stehen beim jeweiligen Alphabet. Damit Sie sich beim Sticken leichter tun, ist es ratsam, das gewünschte Monogramm zuerst auf Karopapier aufzuzeichnen. So kann man vorher festlegen, wo die Buchstaben über- bzw. untereinander durchlaufen.
Die Buchstaben auf den Seiten 66/67 sind so gezeichnet, daß das Monogramm schräg zu lesen ist. Man stickt sie in Ecken, z. B. einer Tischdecke. Wenn Sie zwei Buchstaben nebeneinanderstellen wollen, empfiehlt es sich ebenfalls, vorher einen Entwurf zu zeichnen, denn es ist nicht ganz einfach, die Buchstaben wirklich auf eine schräge Zeile zu bringen.
Seite 40 zeigt ein griechisches Alphabet. Es beginnt mit den Buchstaben Alpha und Beta. Auf Seite 50 steht ein russisches Alphabet. Da sich dies aus dem griechischen entwickelt hat, ähneln sich viele Buchstaben. Falls Sie ein Monogramm aus diesen Alphabeten zusammenstellen möchten, gibt ein Konversationslexikon oder auch der Duden (von seiner 16. Auflage, 1967, an) Auskunft, welche Buchstaben Sie wählen müssen. Auf einem Stickmustertuch wirkt so ein Alphabet besonders gut, weil es auf uns doch recht exotisch wirkt.

Noch einige Tips zum Sticken

Am besten stellt man zunächst auf dem zu bestickenden Gegenstand fest, wie groß die Buchstaben sein müssen, um richtig zu wirken. Dazu stecken Sie den vorgesehenen Platz mit Stecknadeln ab, die dazwischenliegenden Fadenpaare ergeben Höhe bzw. Breite des Monogramms (2 Fäden im Quadrat = ein Kreuzchen). Mit diesen Zahlen machen Sie sich im Buch auf die Suche.

Falls der Untergrund aus nicht zählbarem Material besteht (Frottee, Samt usw.), können Sie sich mit Stramin behelfen. Man verwendet dazu schwach geleimte, möglichst einfädige Sorten in der gewünschten Dichte. Schneiden Sie ein entsprechend großes Stück ab und befestigen Sie es mit Heftstichen auf der vorgesehenen Stelle. Jetzt wird der Stramin zusammen mit dem Unterstoff in den Stickrahmen eingespannt. Die Kreuzchen arbeitet man, indem man beide Stofflagen komplett durchsticht. Wenn das Monogramm fertig ist, wird der Stramin etwas angefeuchtet und die Fäden einzeln unter der Stickerei herausgezogen.

Mit dieser Methode kann man auch aufrechte Buchstaben schräg in den Stoff stikken. Sie brauchen den Stramin nur im 45°-Winkel schräg zum Fadenlauf auf den Unterstoff heften.

Längere Texte (für Wandsprüche usw.) entwirft man besser auch zuerst auf Papier. Dazu eignet sich am besten das im Buch verwendete 2-mm-Papier, das Sie im Fachhandel bekommen. Man schreibt den Text und schneidet dann die einzelnen Wörter am Kästchenrand entlang aus. Auf einem neuen Bogen können die Worte jetzt mit richtigen Abständen und Zeileneinteilungen gefällig angeordnet werden. Man spart so viel Zählerei auf dem Stoff.

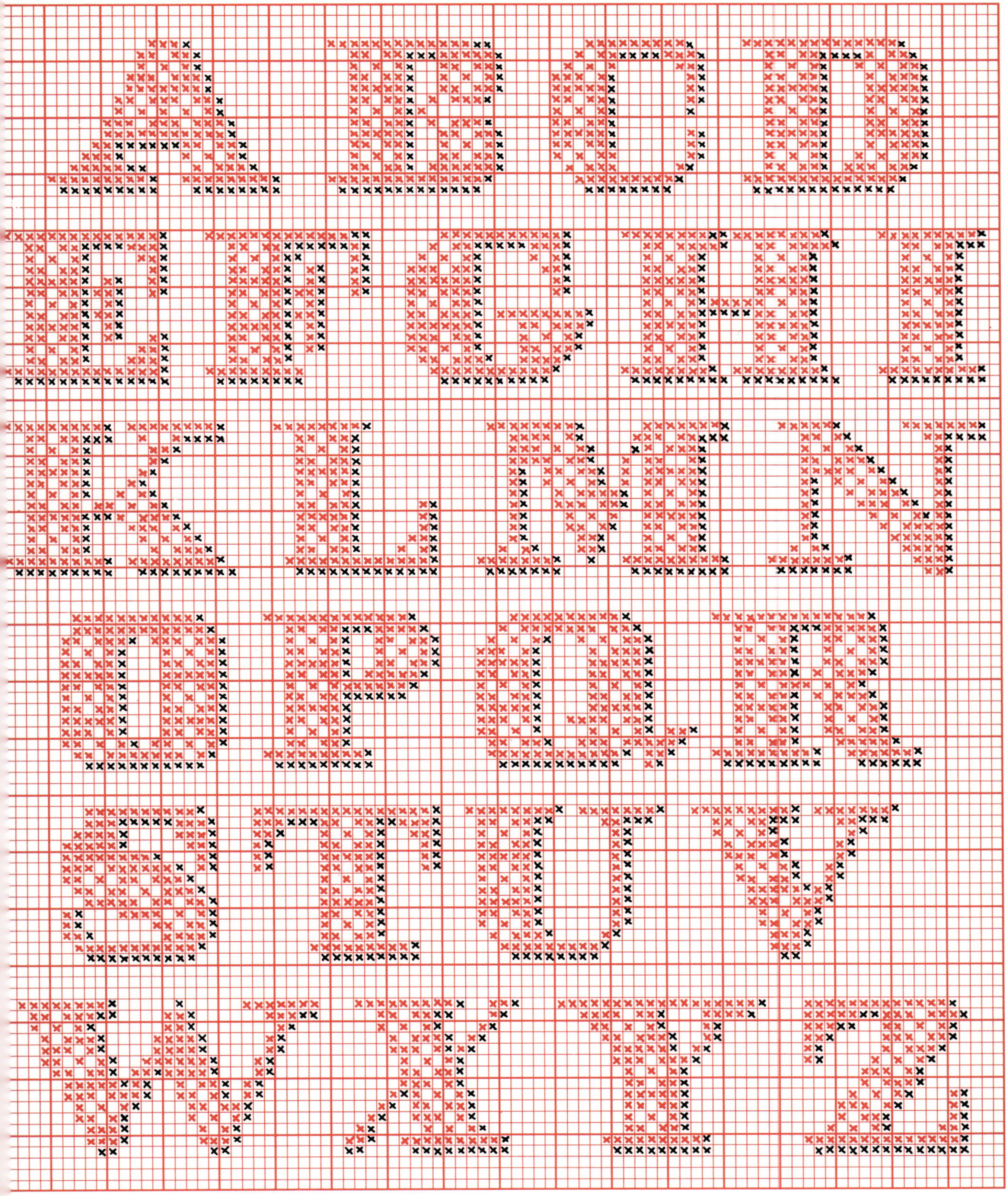

VILLA CLARA

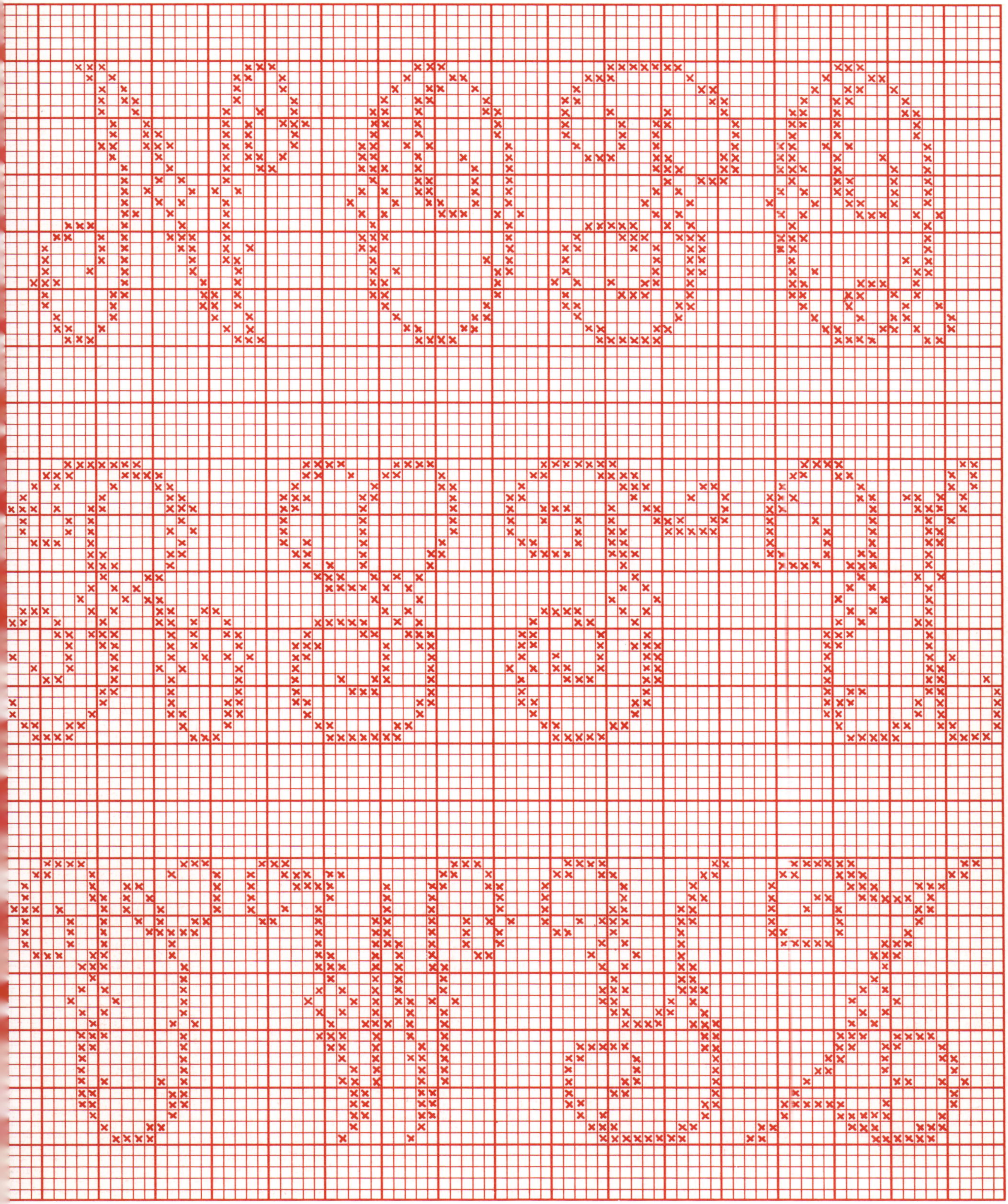

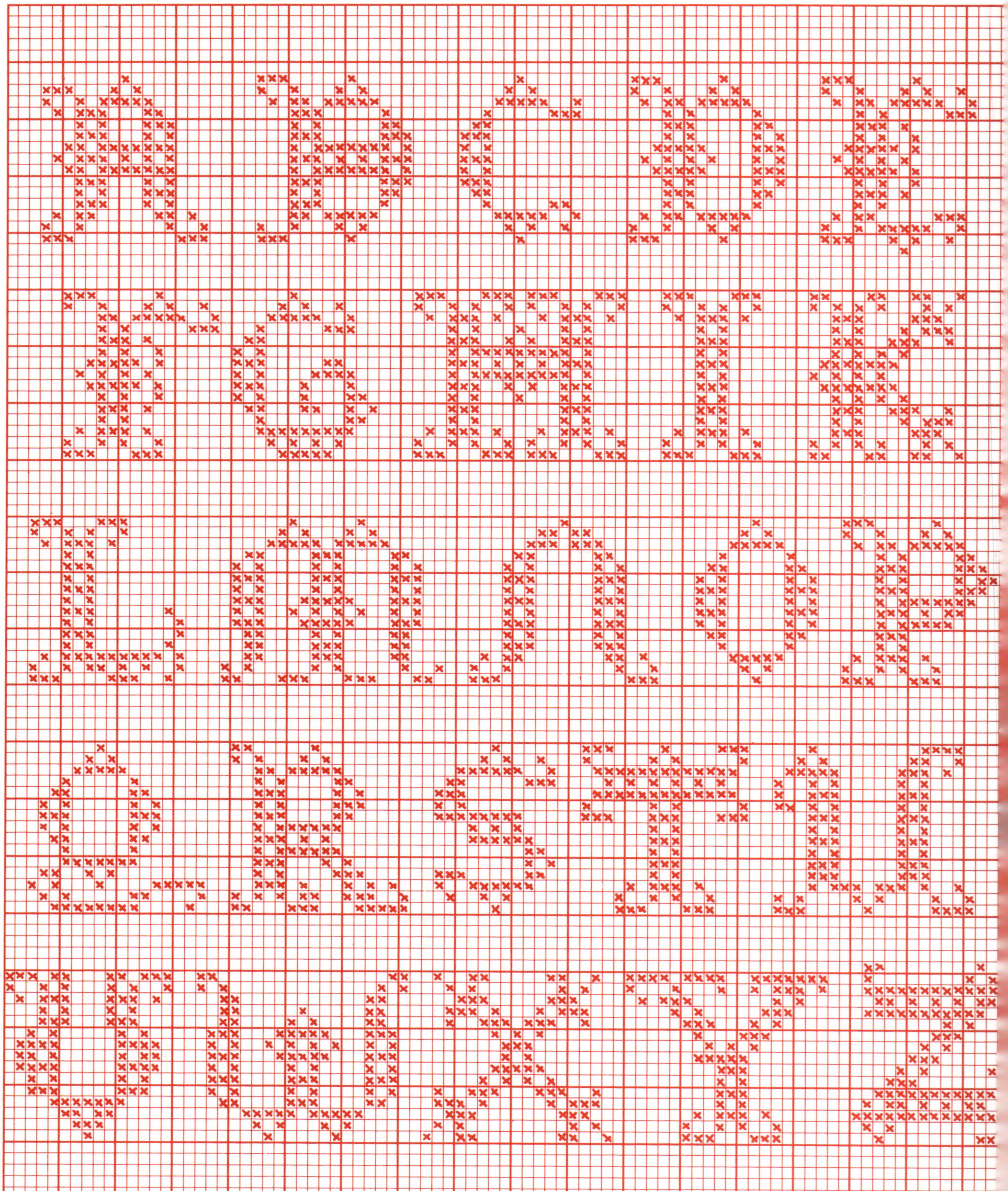

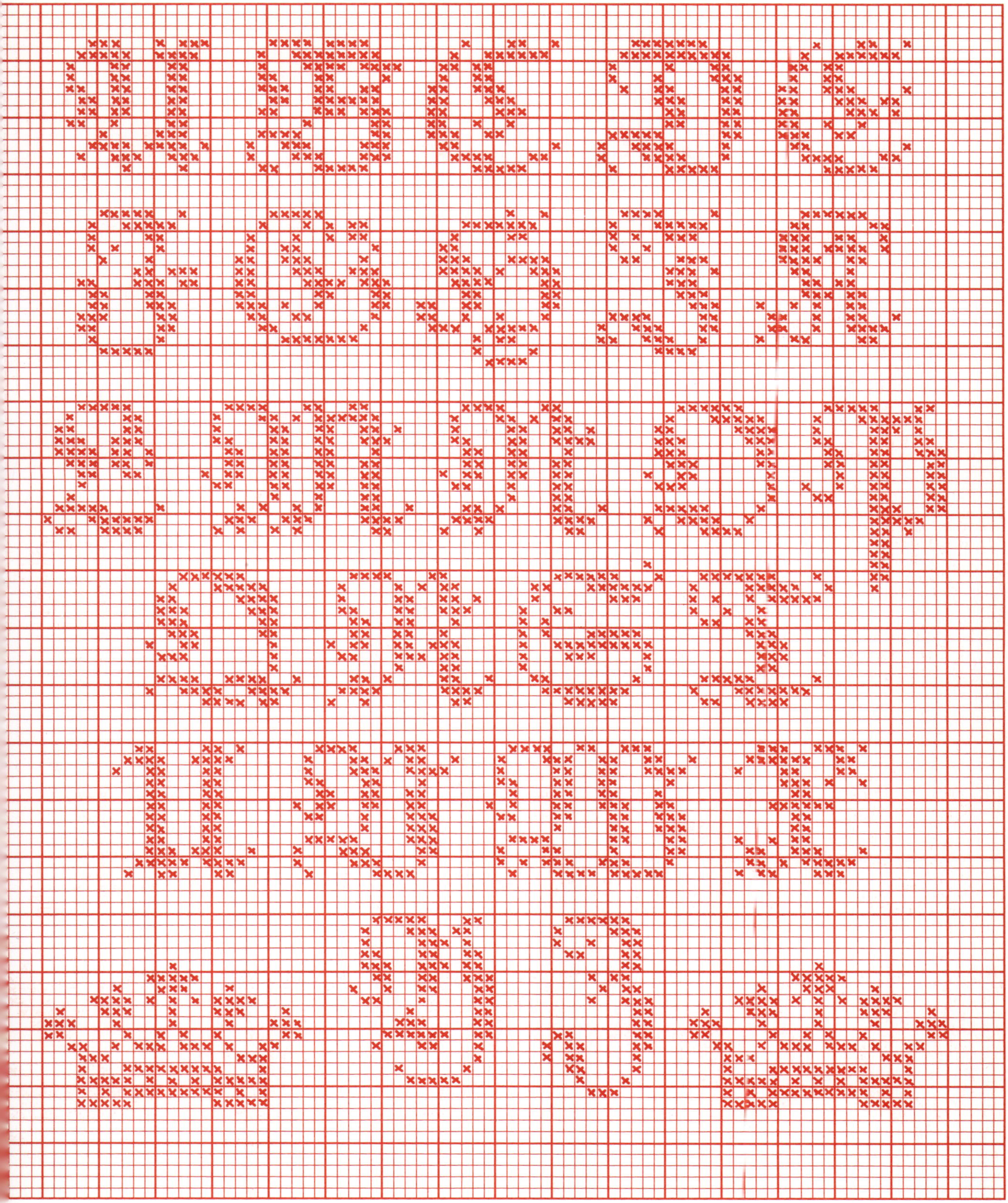

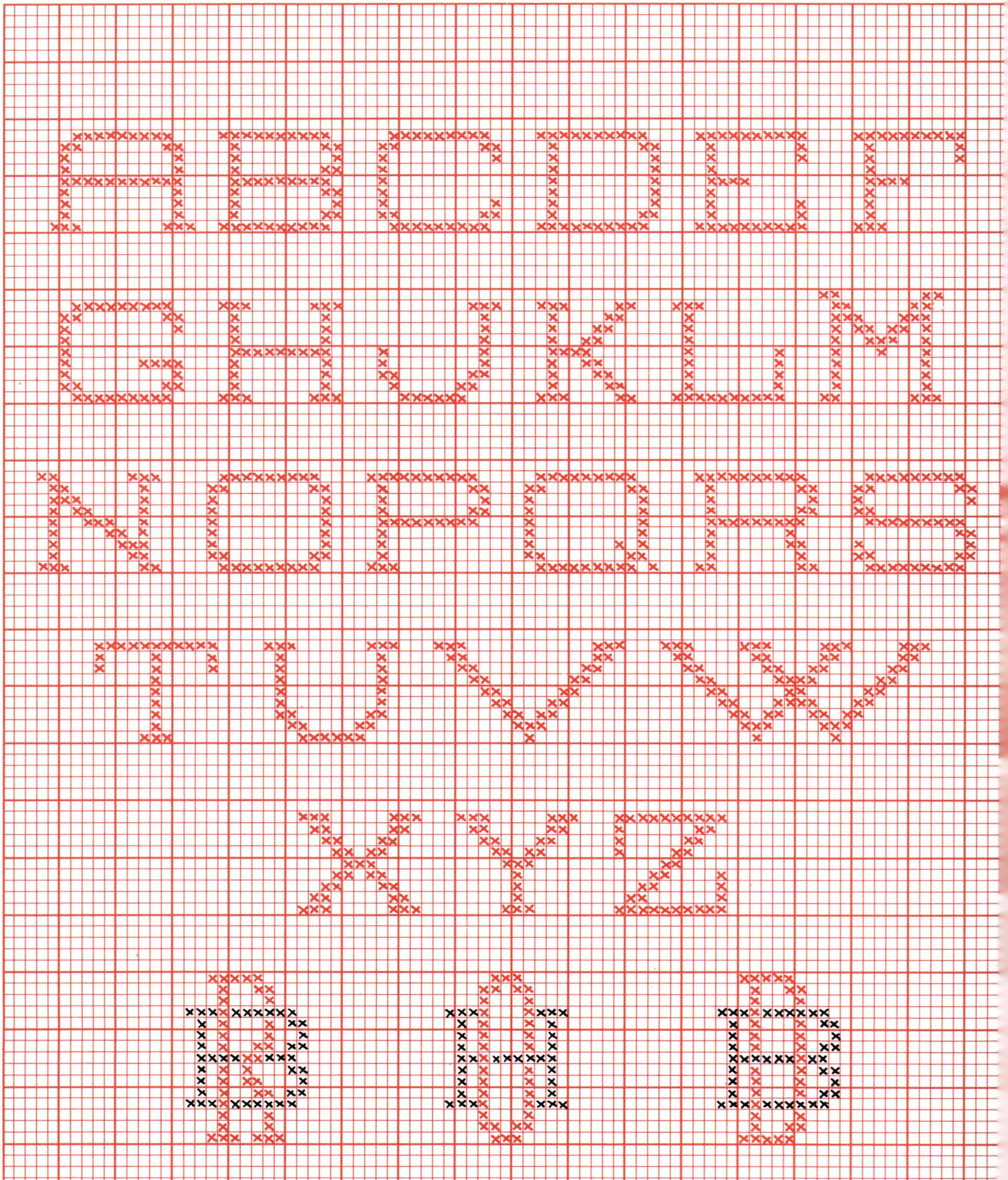
ABCDEF
GHIJKLM
NOPQRS
TUVW
XYZ

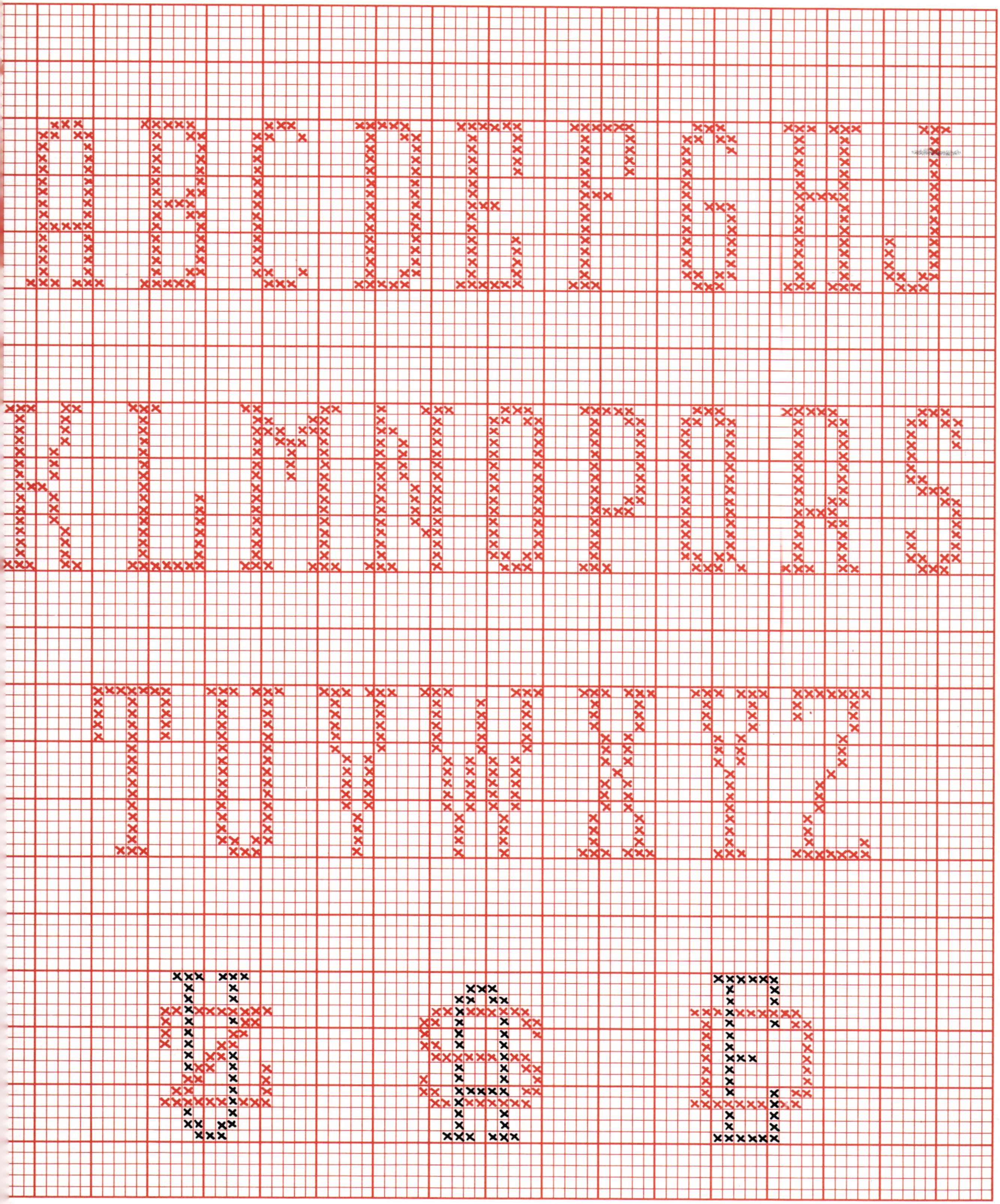

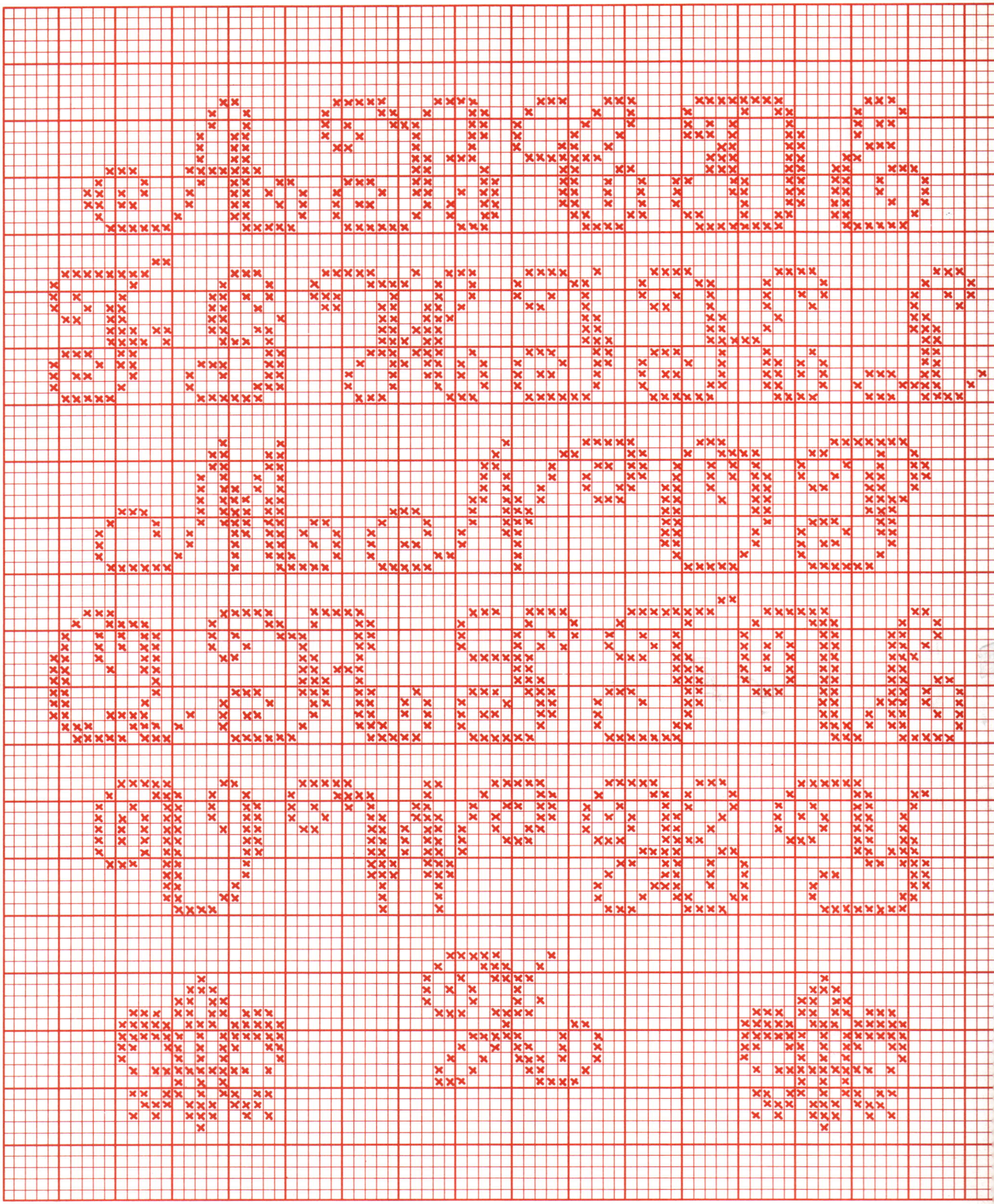

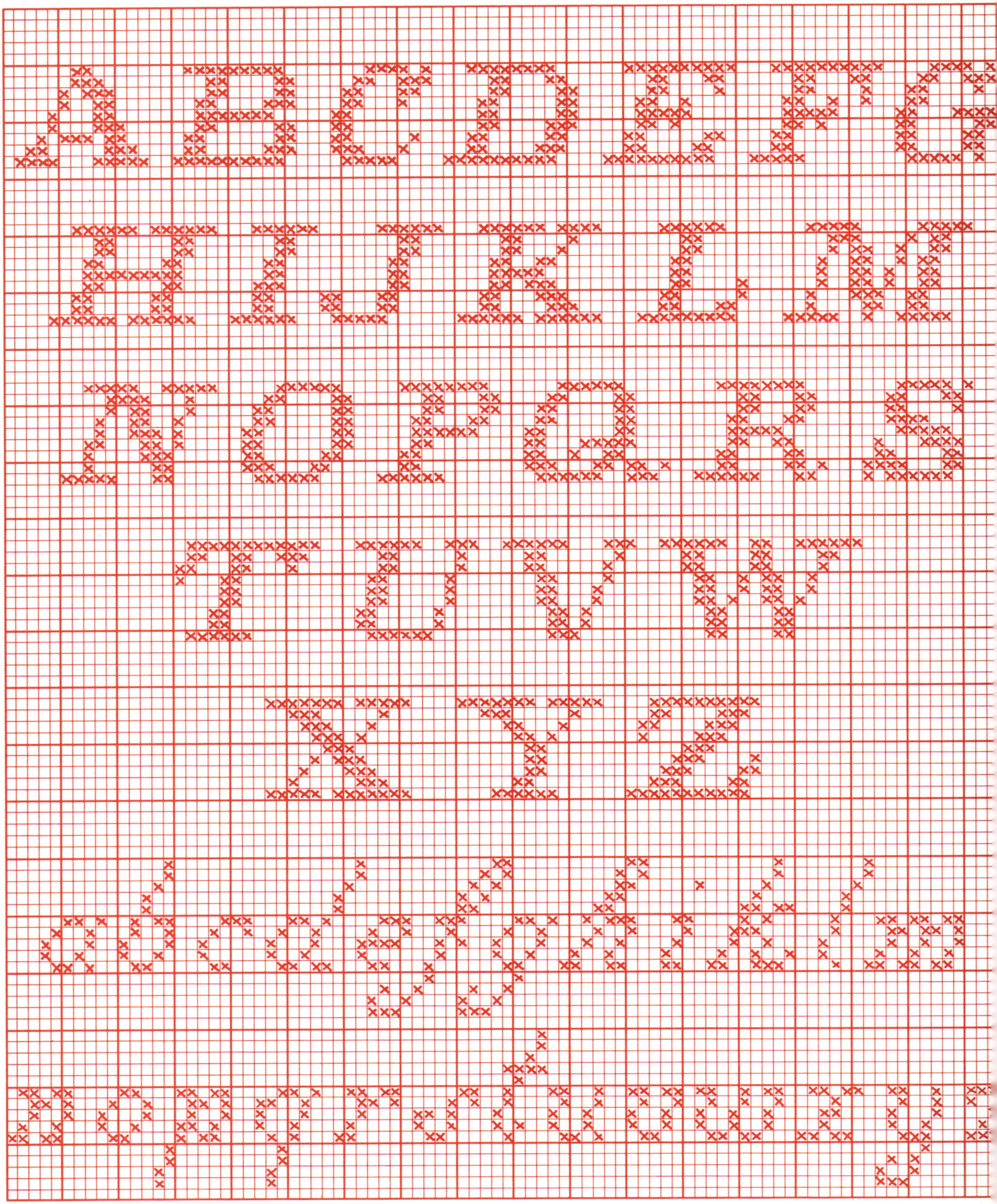

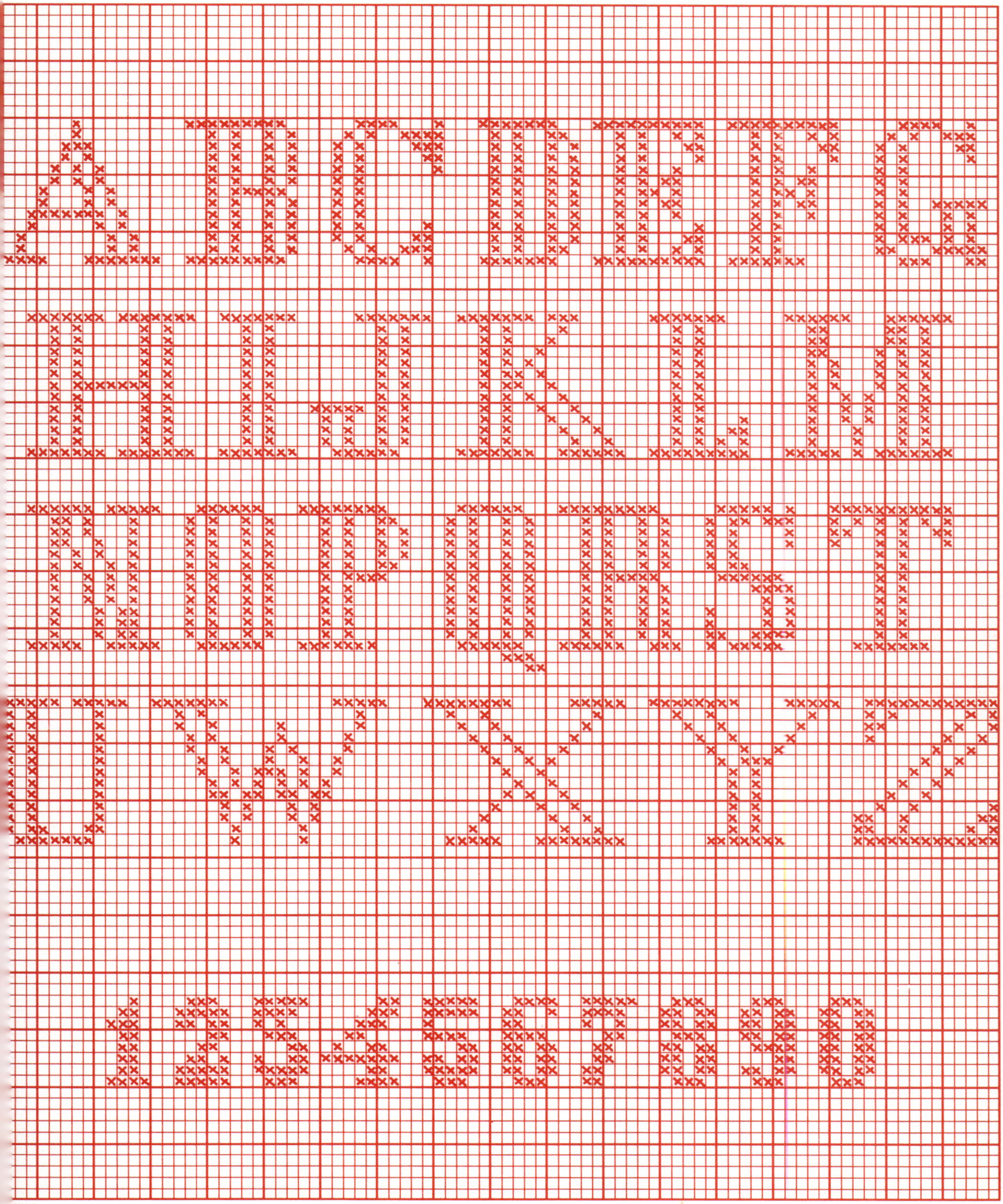
ABCDEFG
HIJKLM
NOPQRST
UVWXYZ
1234567890

ABCDEFGHIK
LMNOPQRST
UVWXYZ
1234567890

FÜR HEIDI
Frohe Weihnachten
Alles Gute zum Geburtstag
lichen Glückwunsch

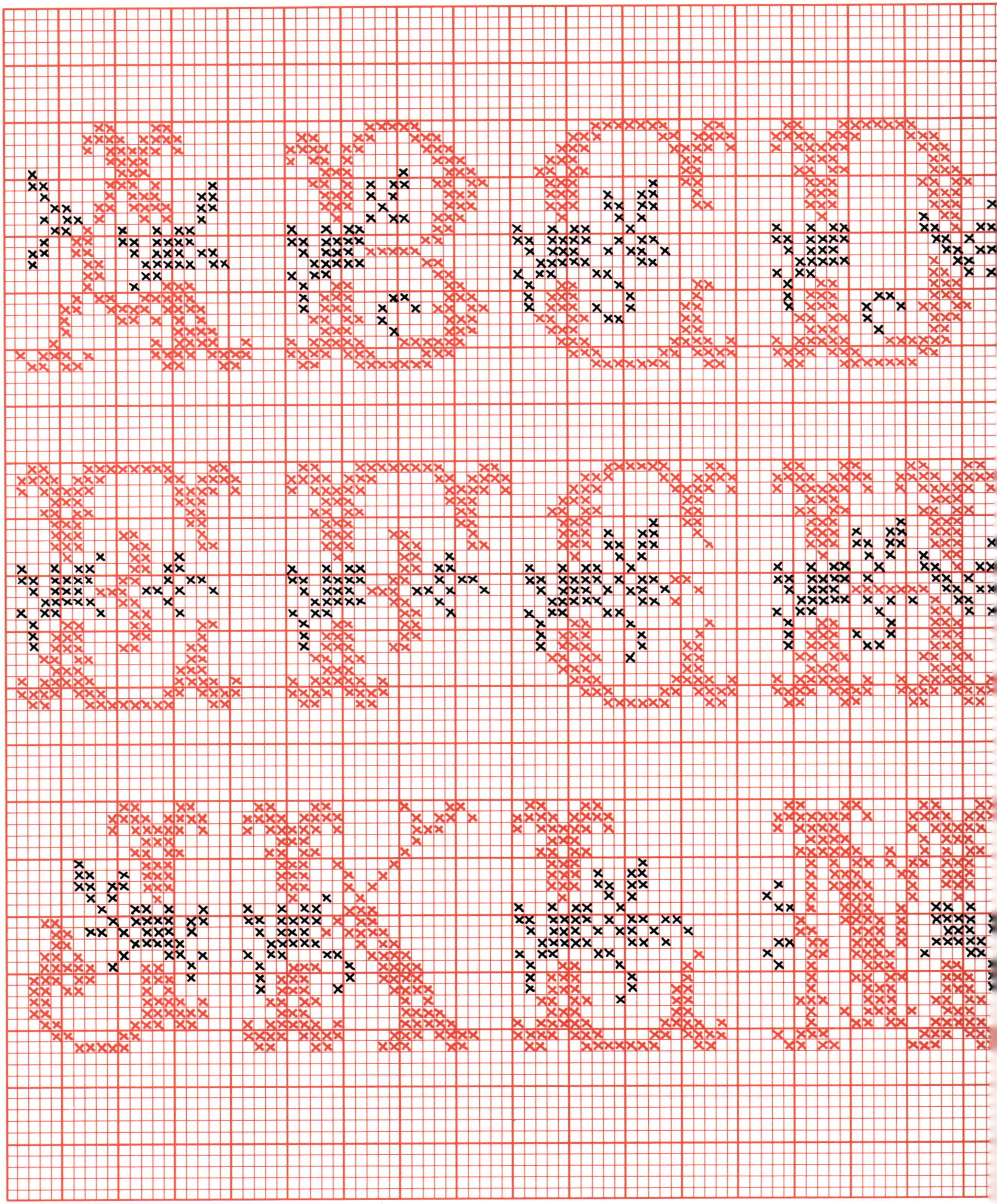

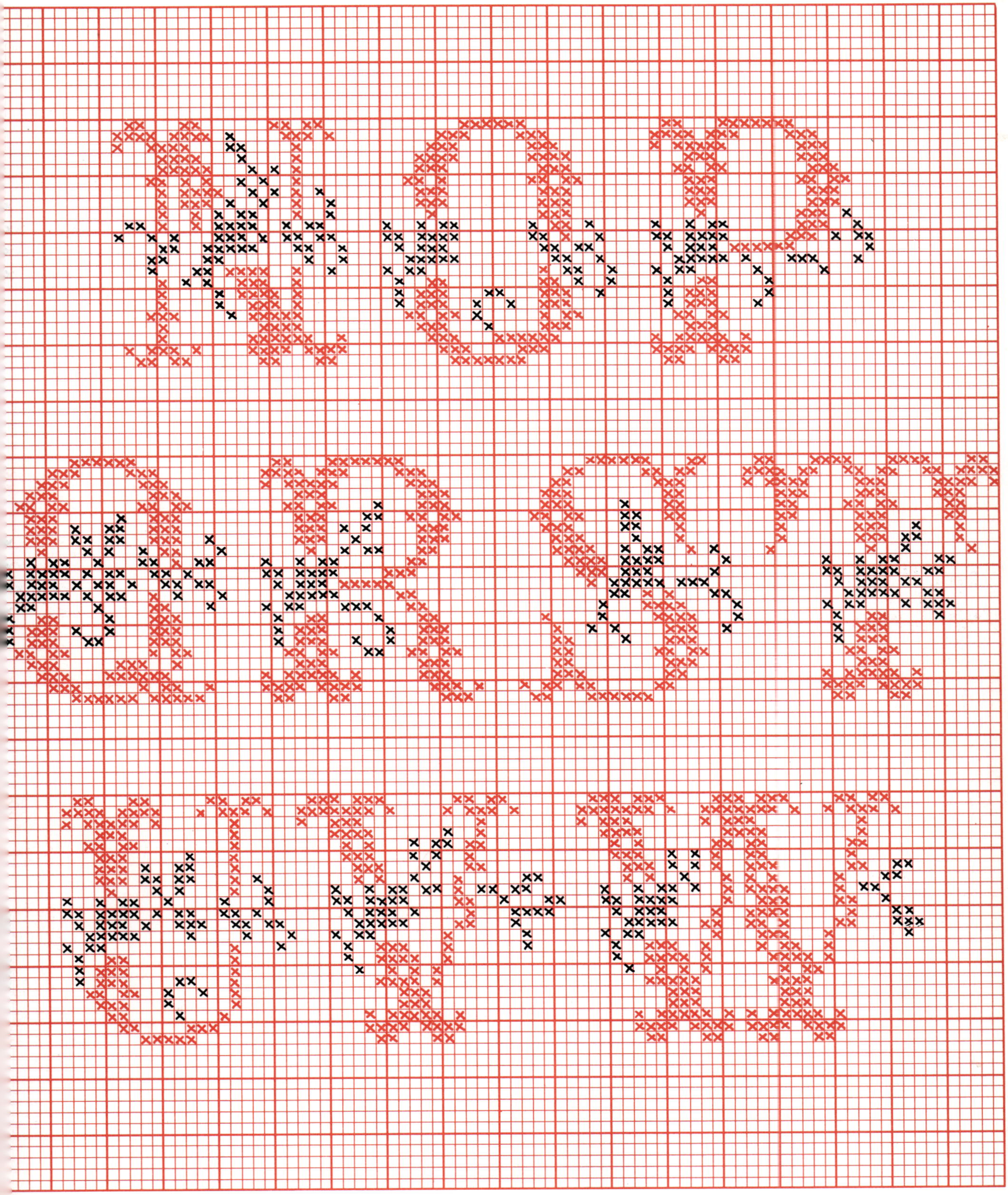

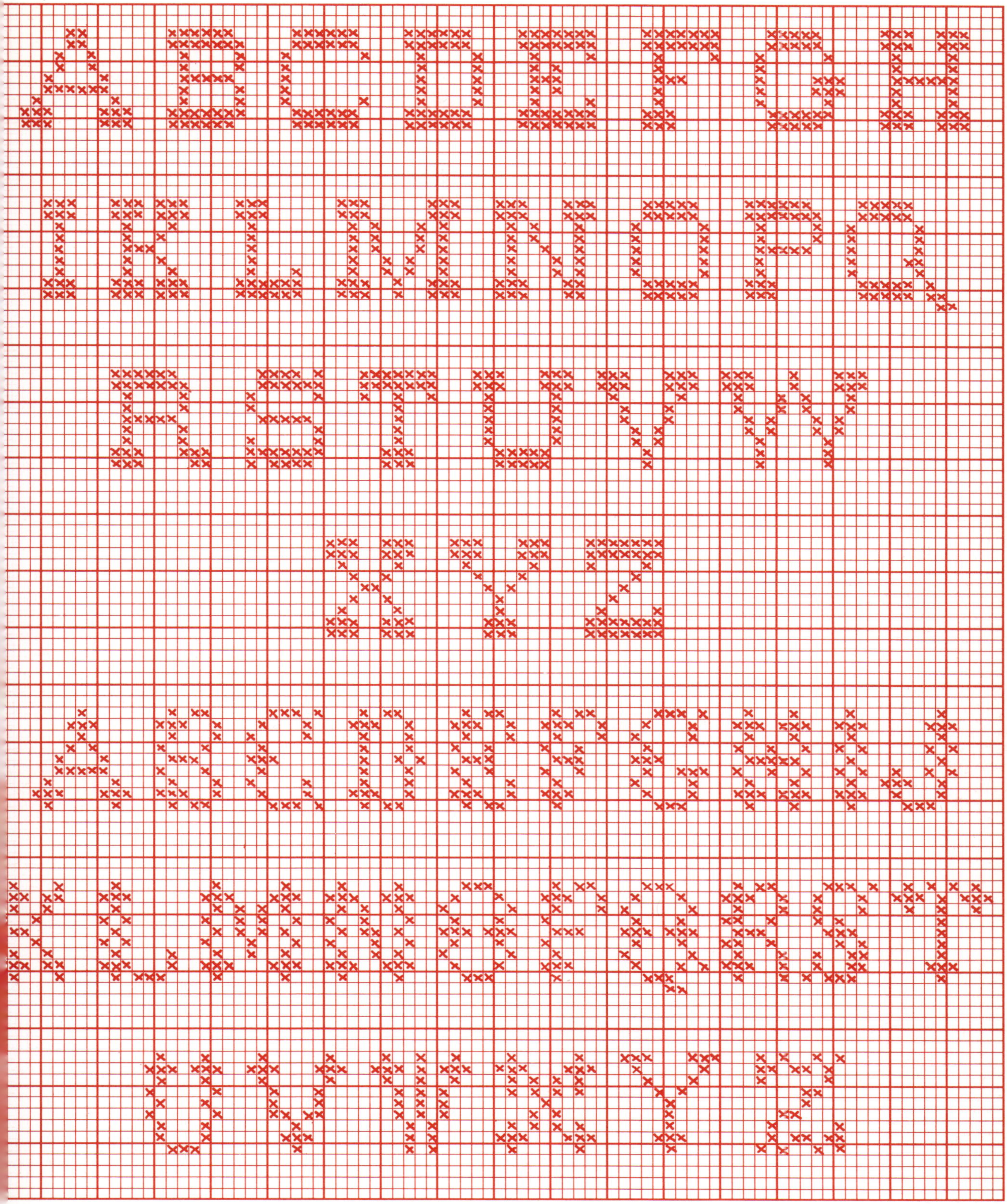

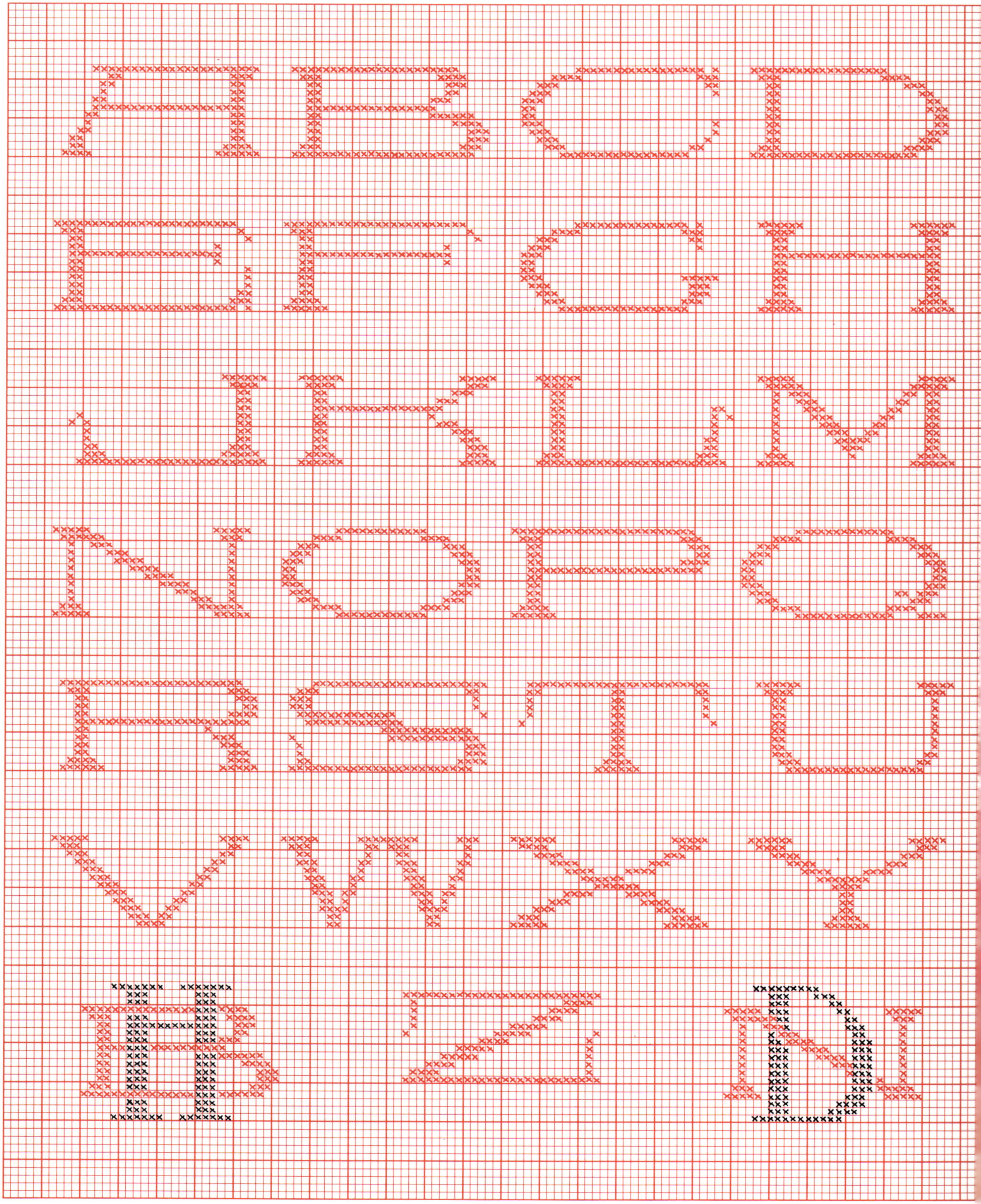

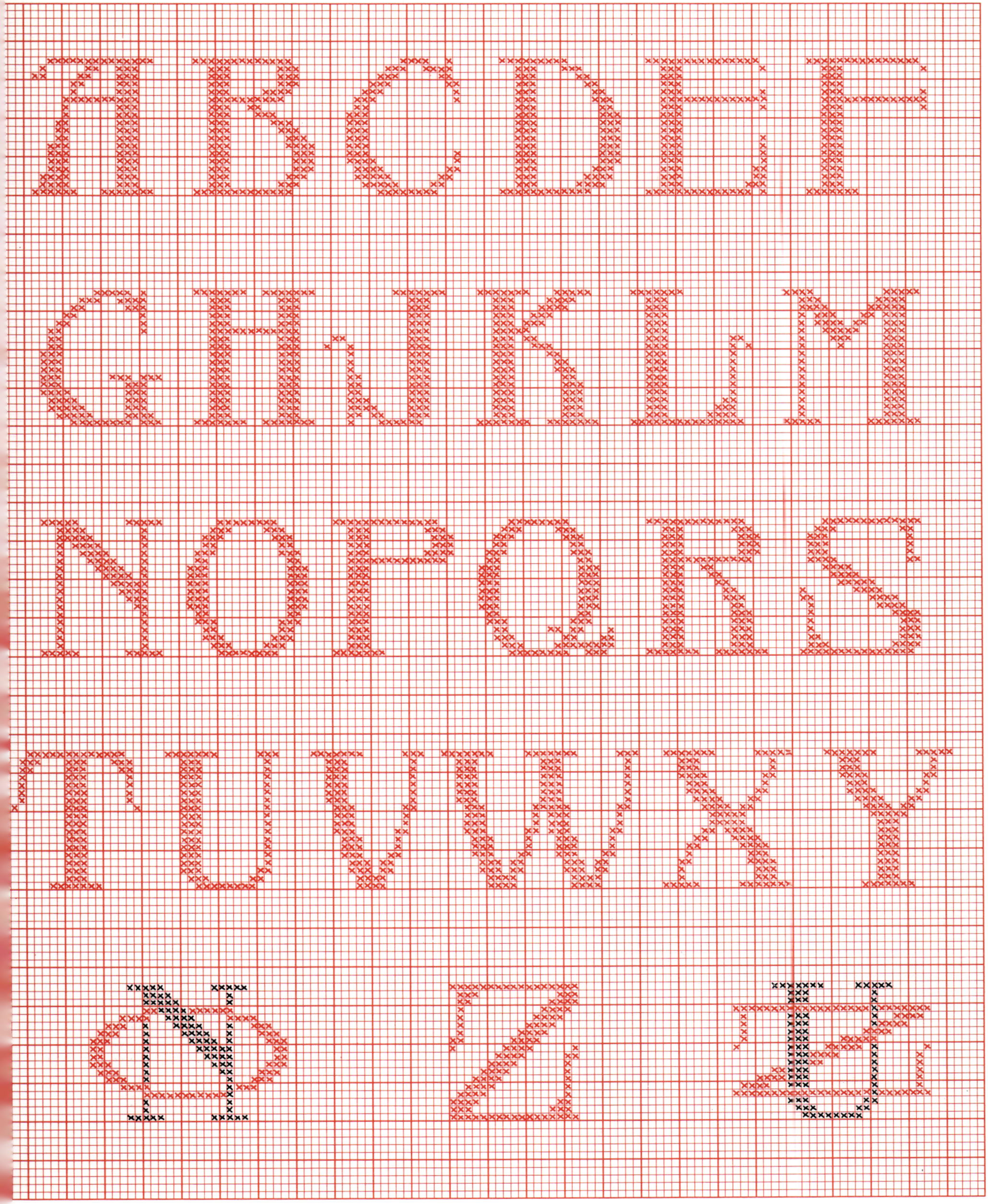

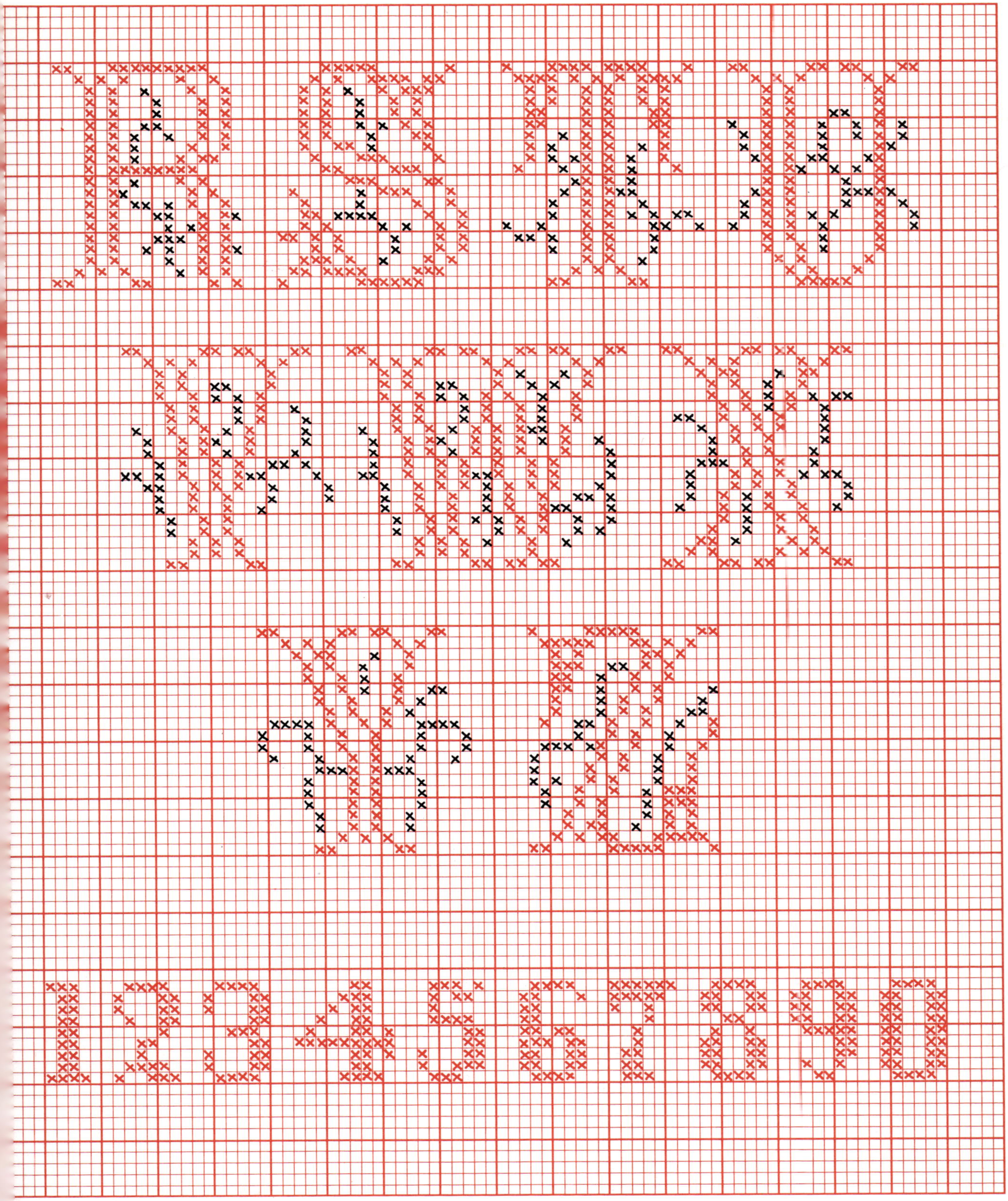

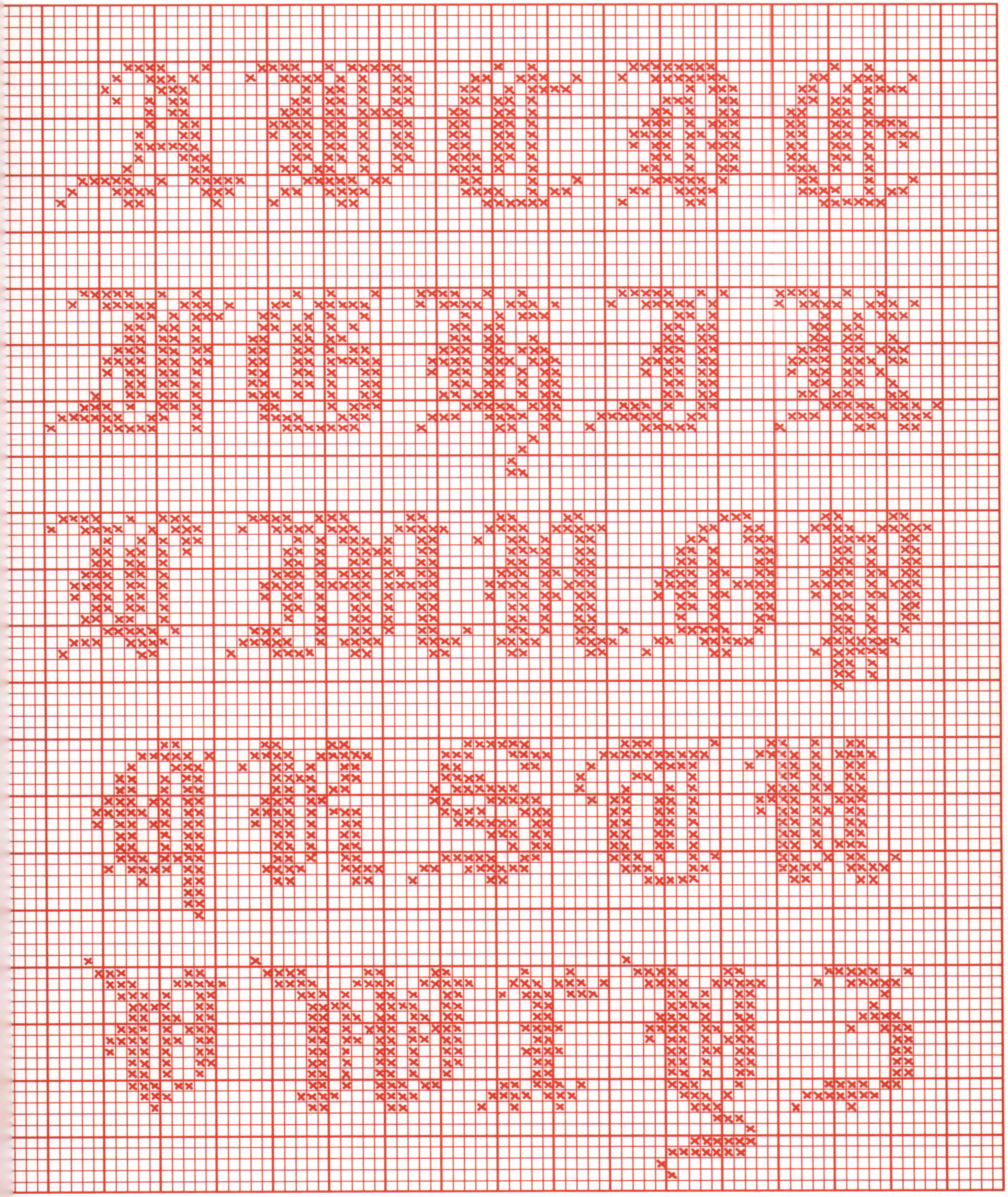

ΑΒΓΔΕΖΗ
ΘΙΚΛΜΝ
ΞΟΠΡΣΤ
ΥΦΧΨΩ

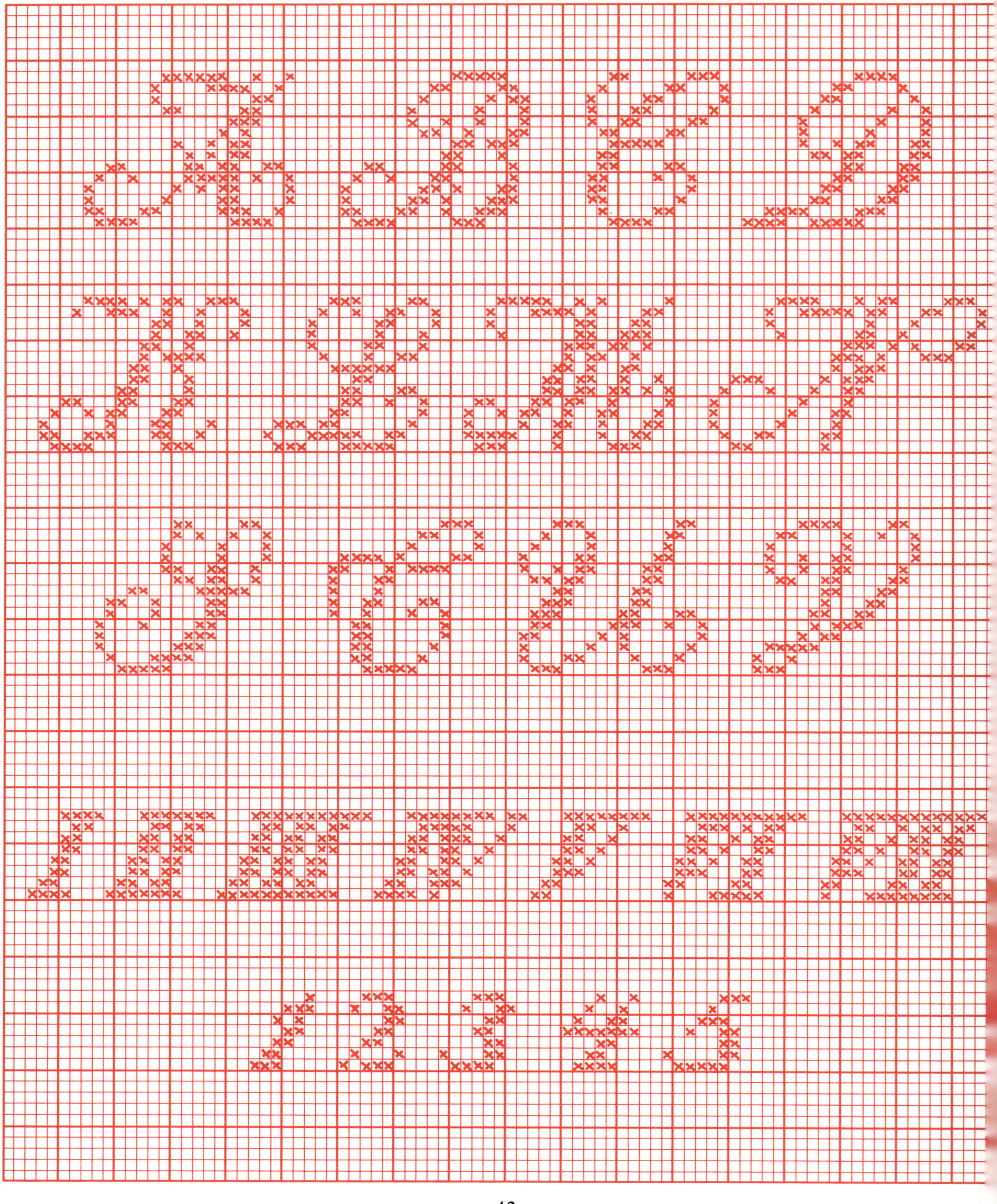

Olio Extra
Vergine di Oliv
spremitura a freddo
Il
Casola
grezzo natu
litri 1 e
Rezepte

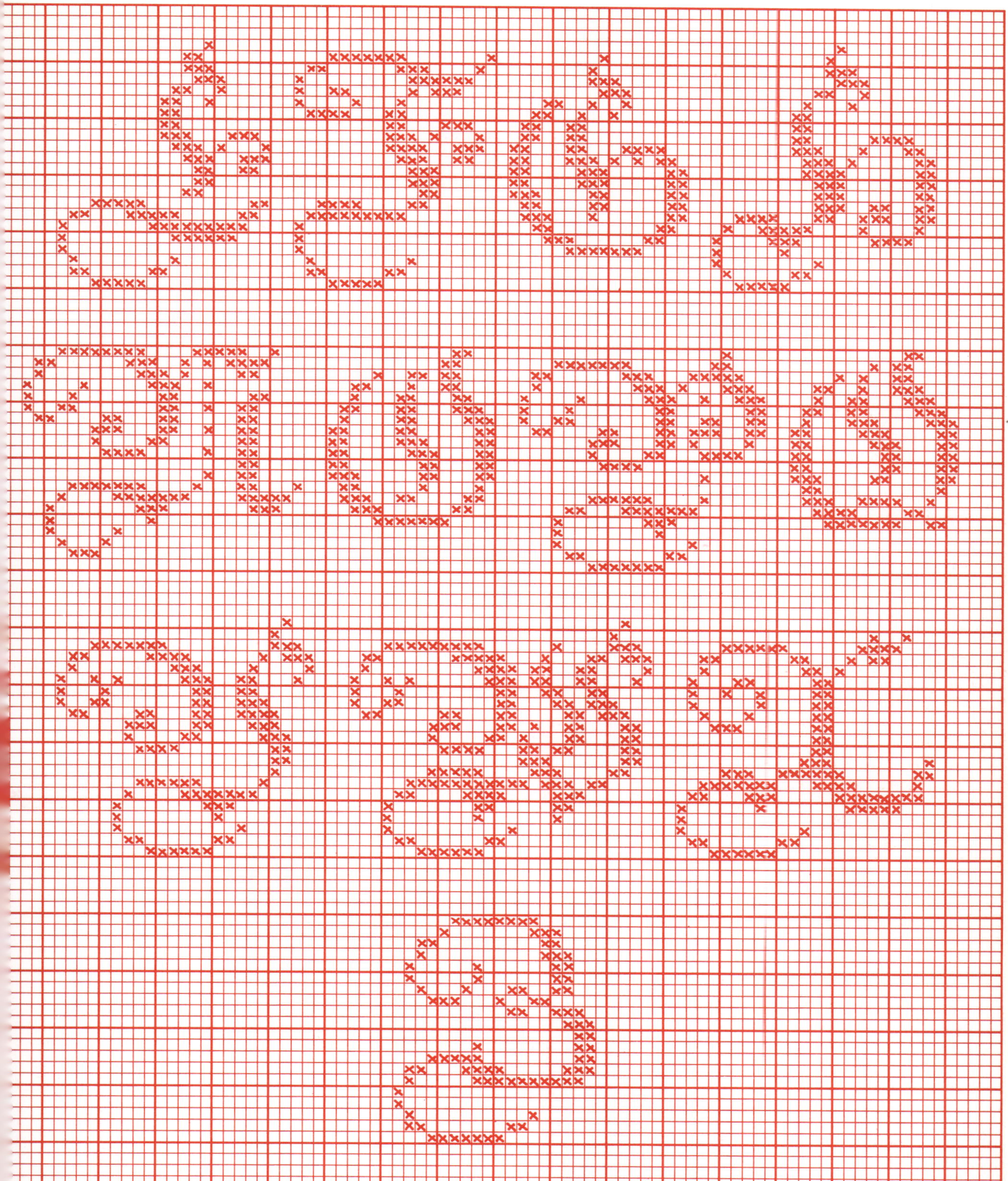

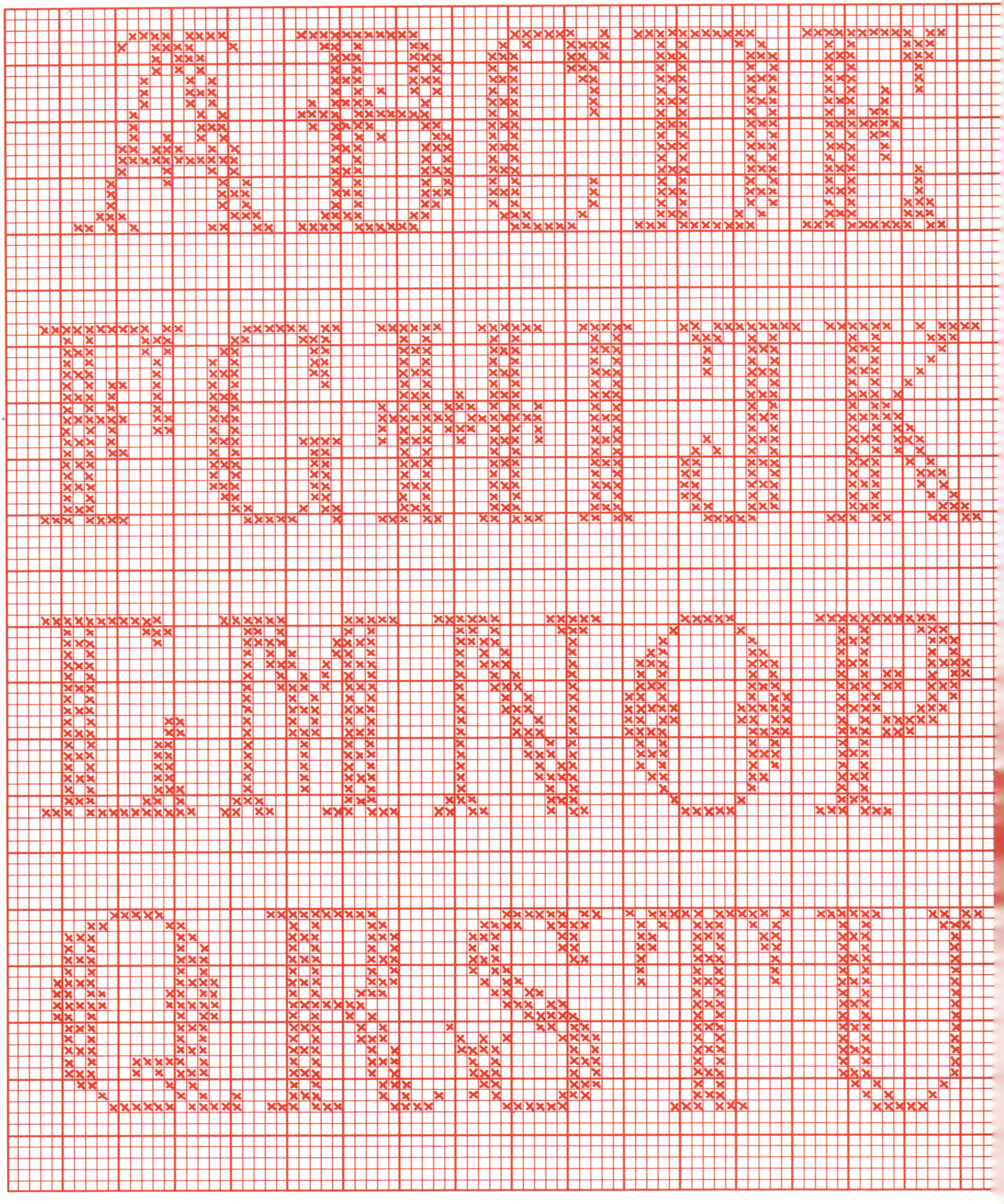

Julia
1995
Martha

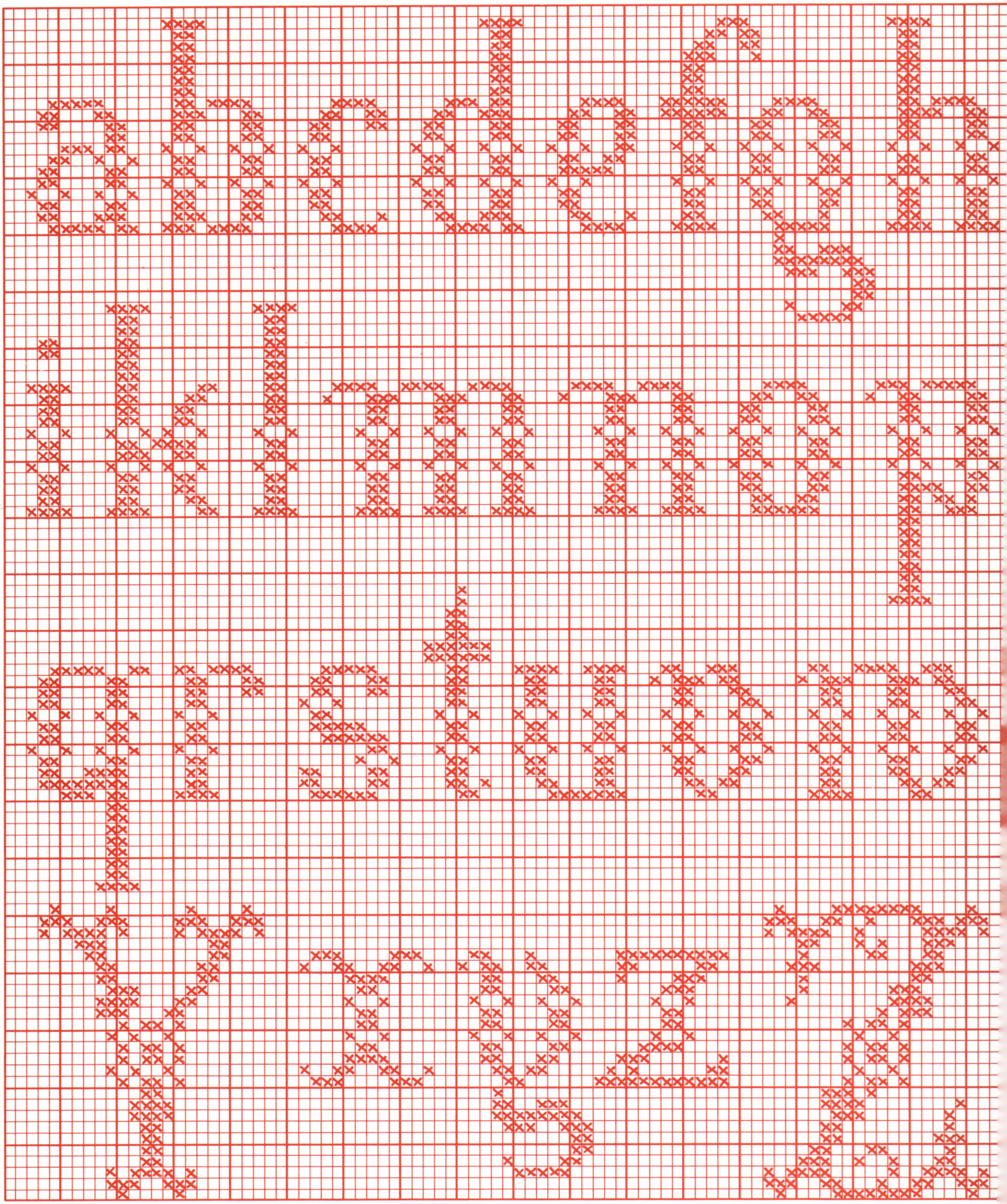

8. 4. 2013 15

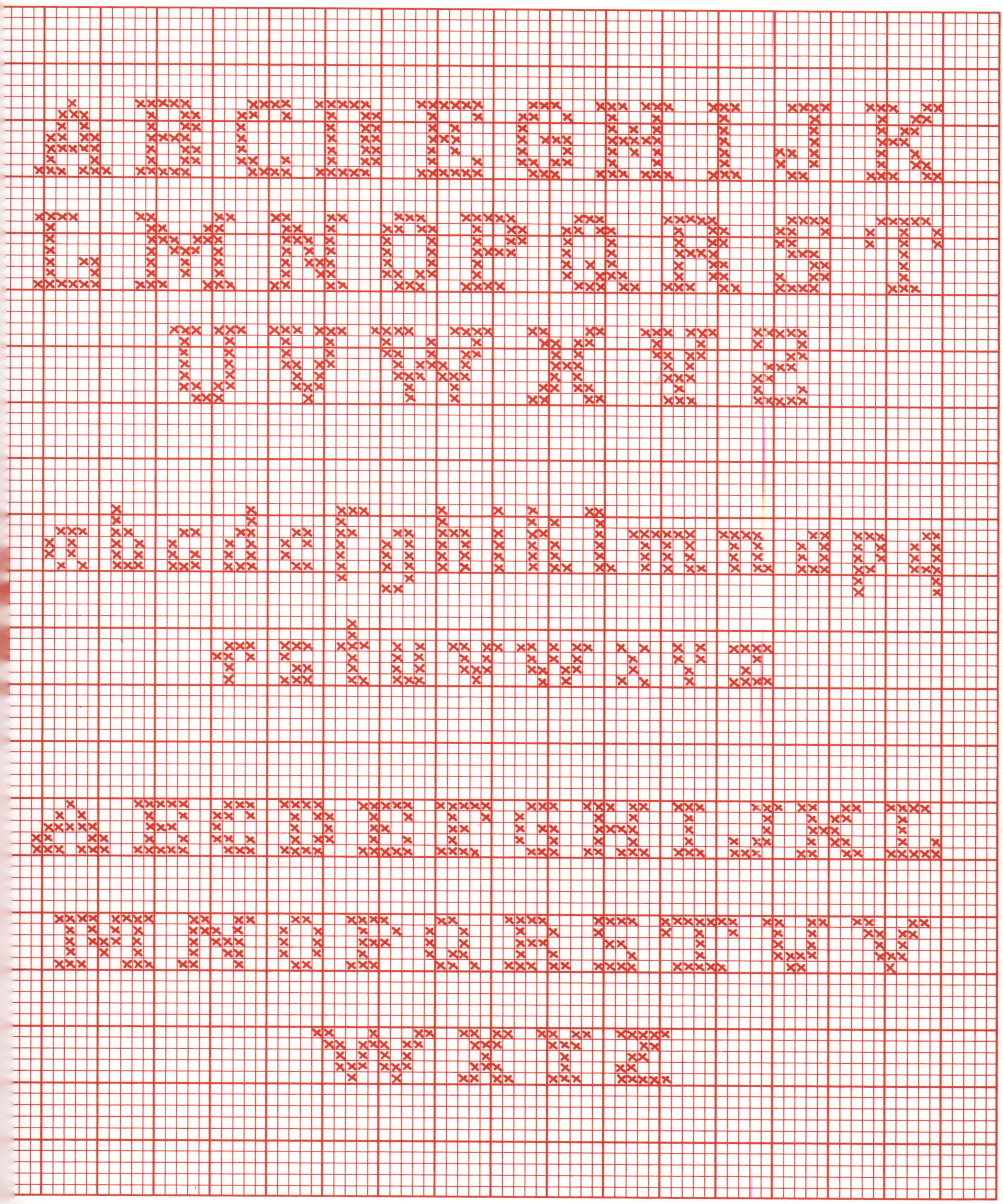

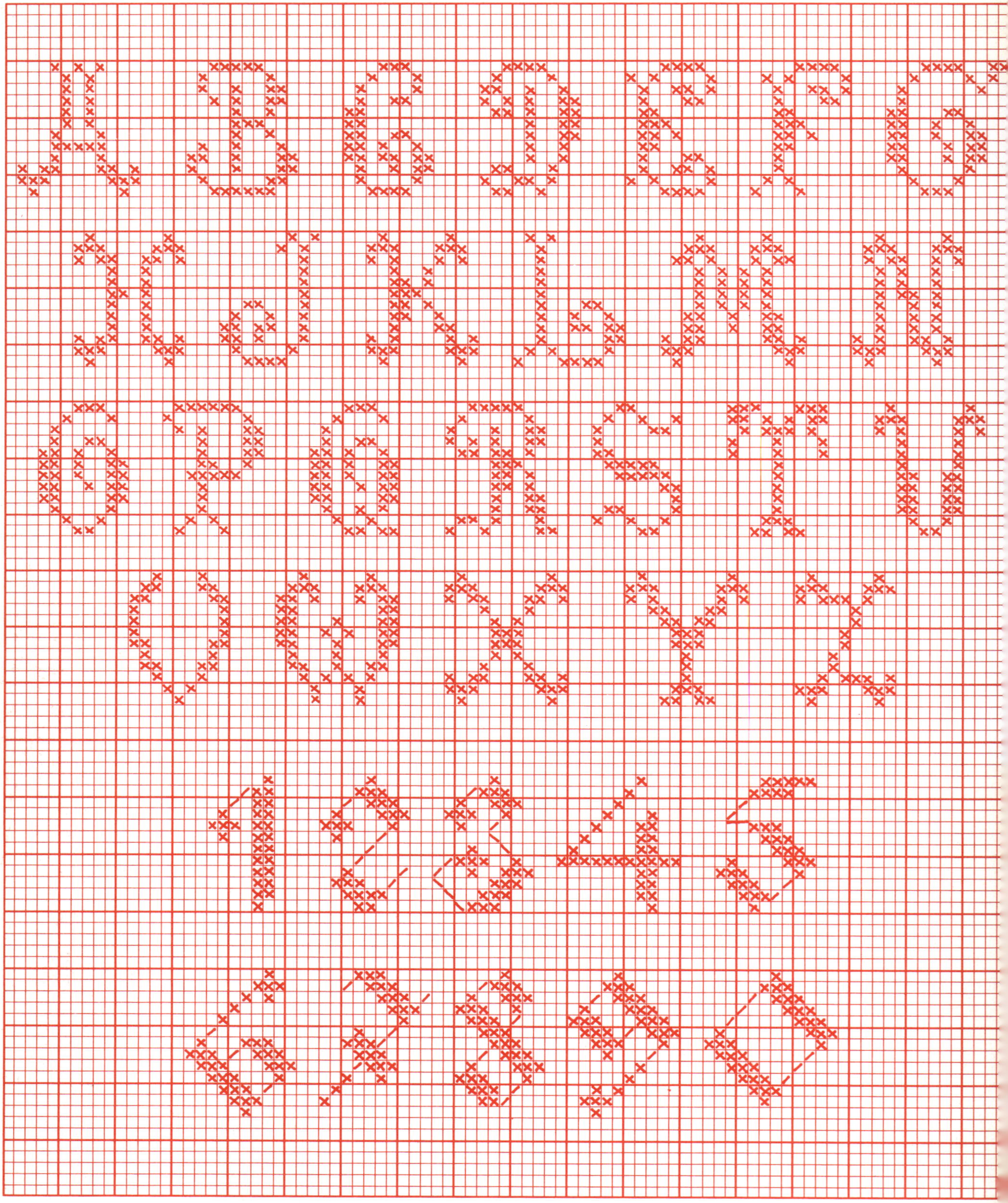

A. S
U M

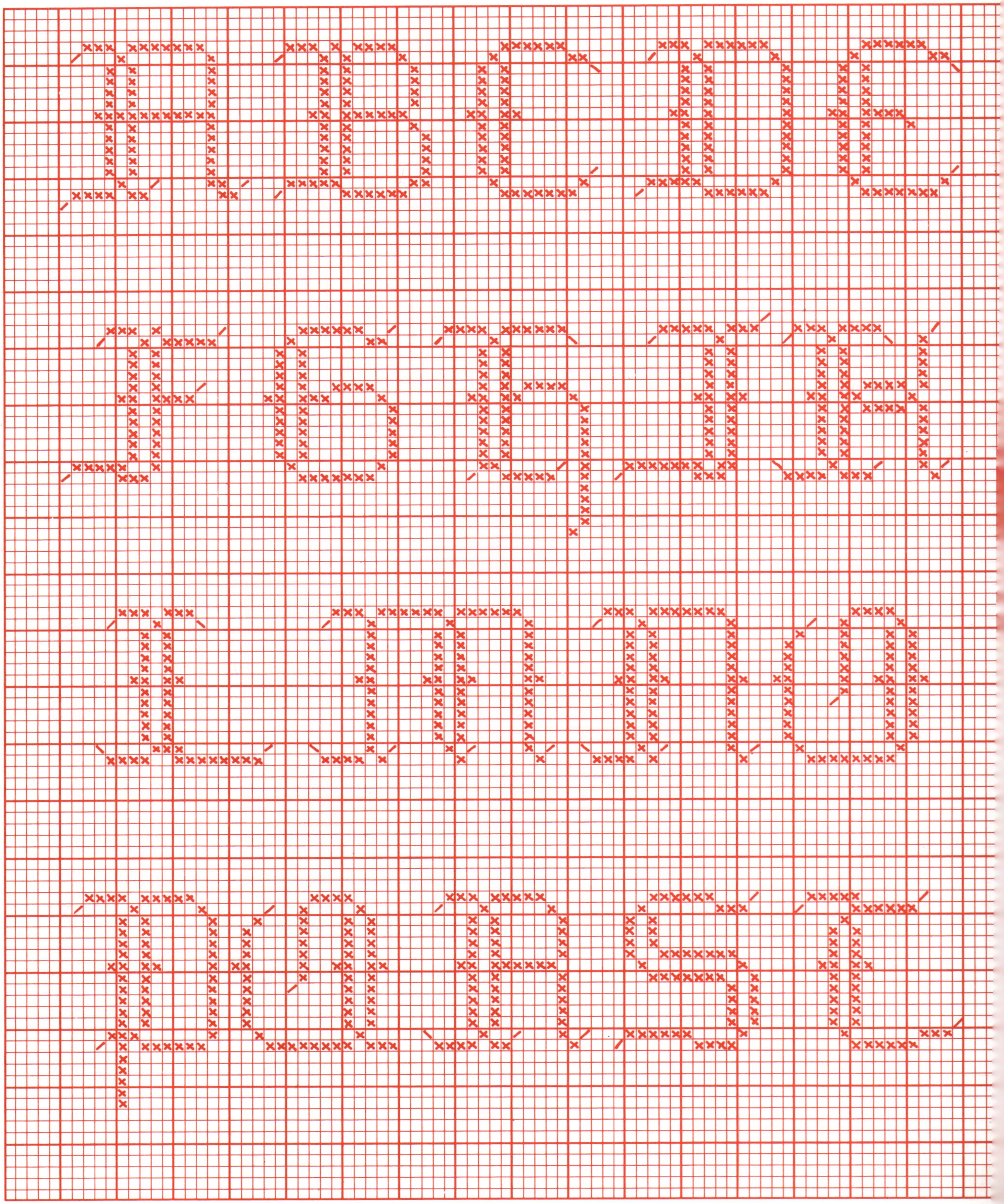

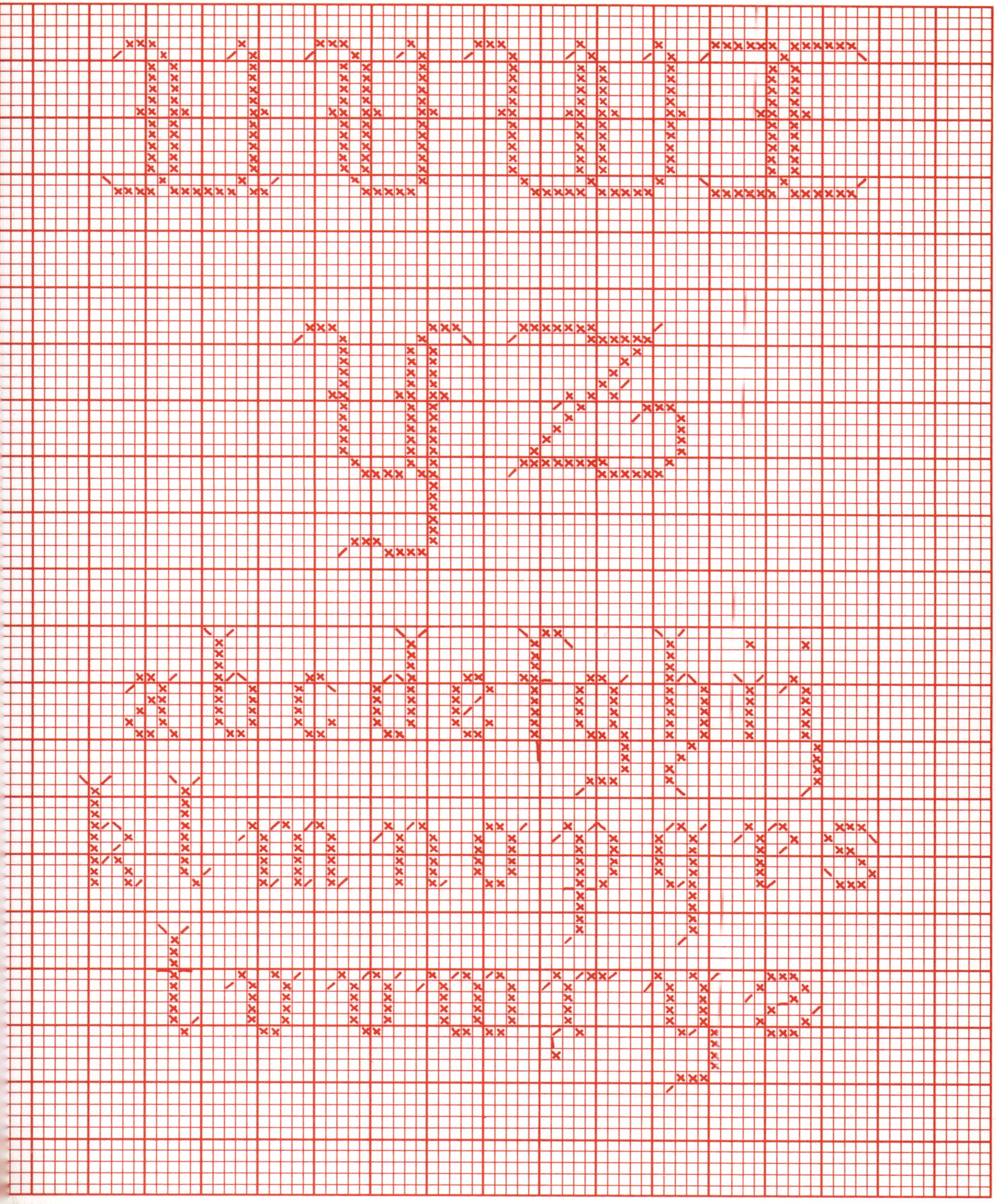

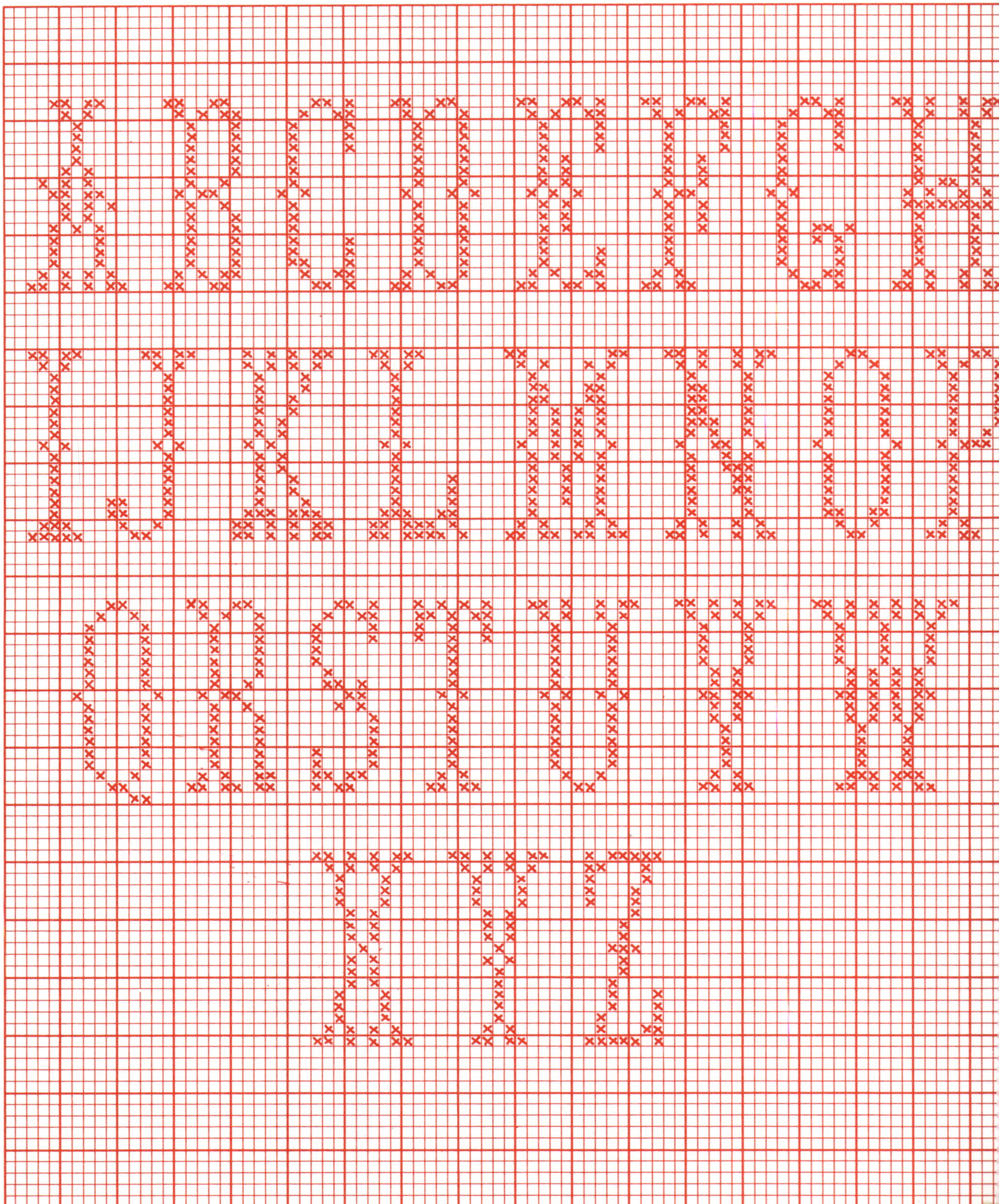

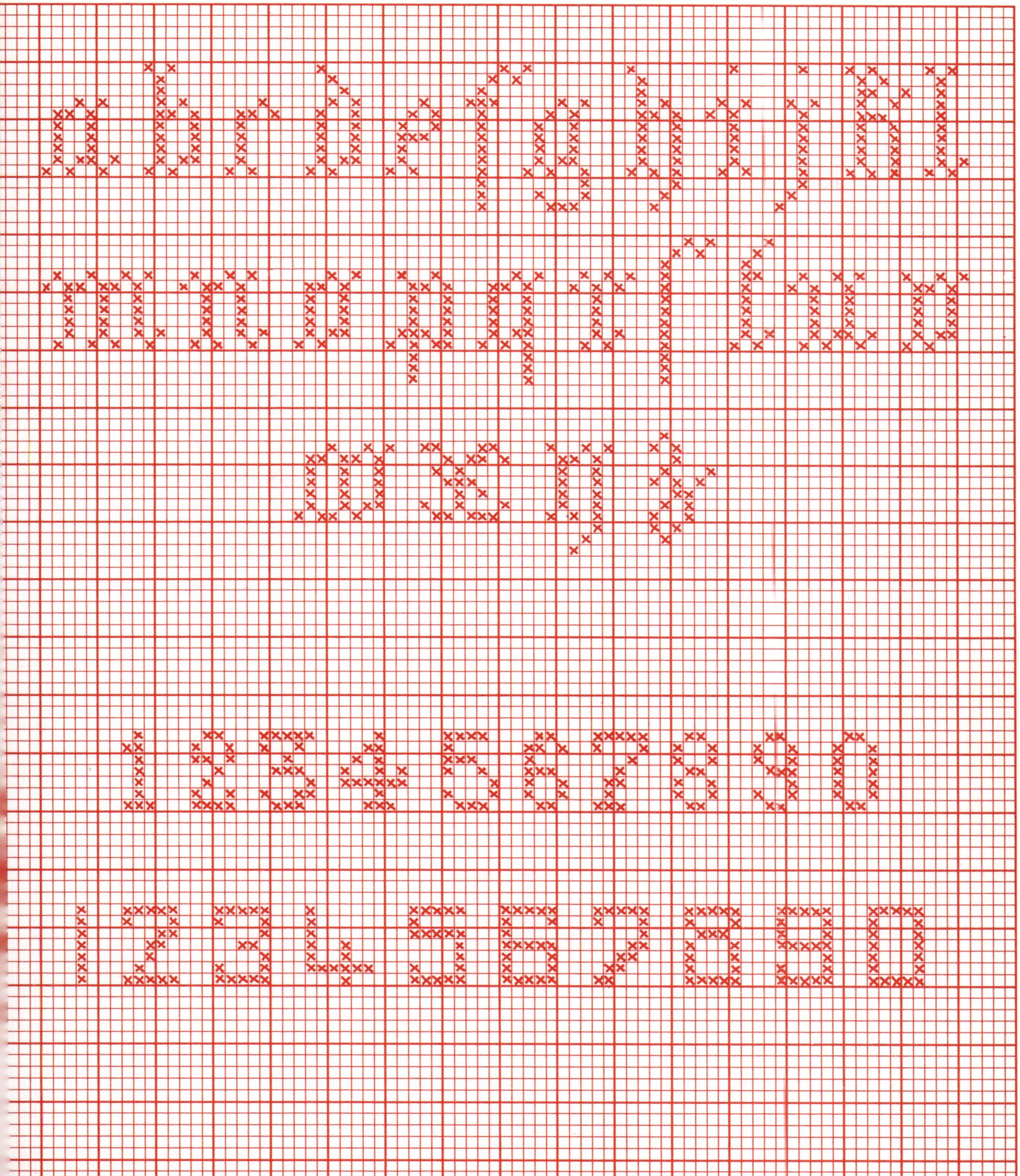

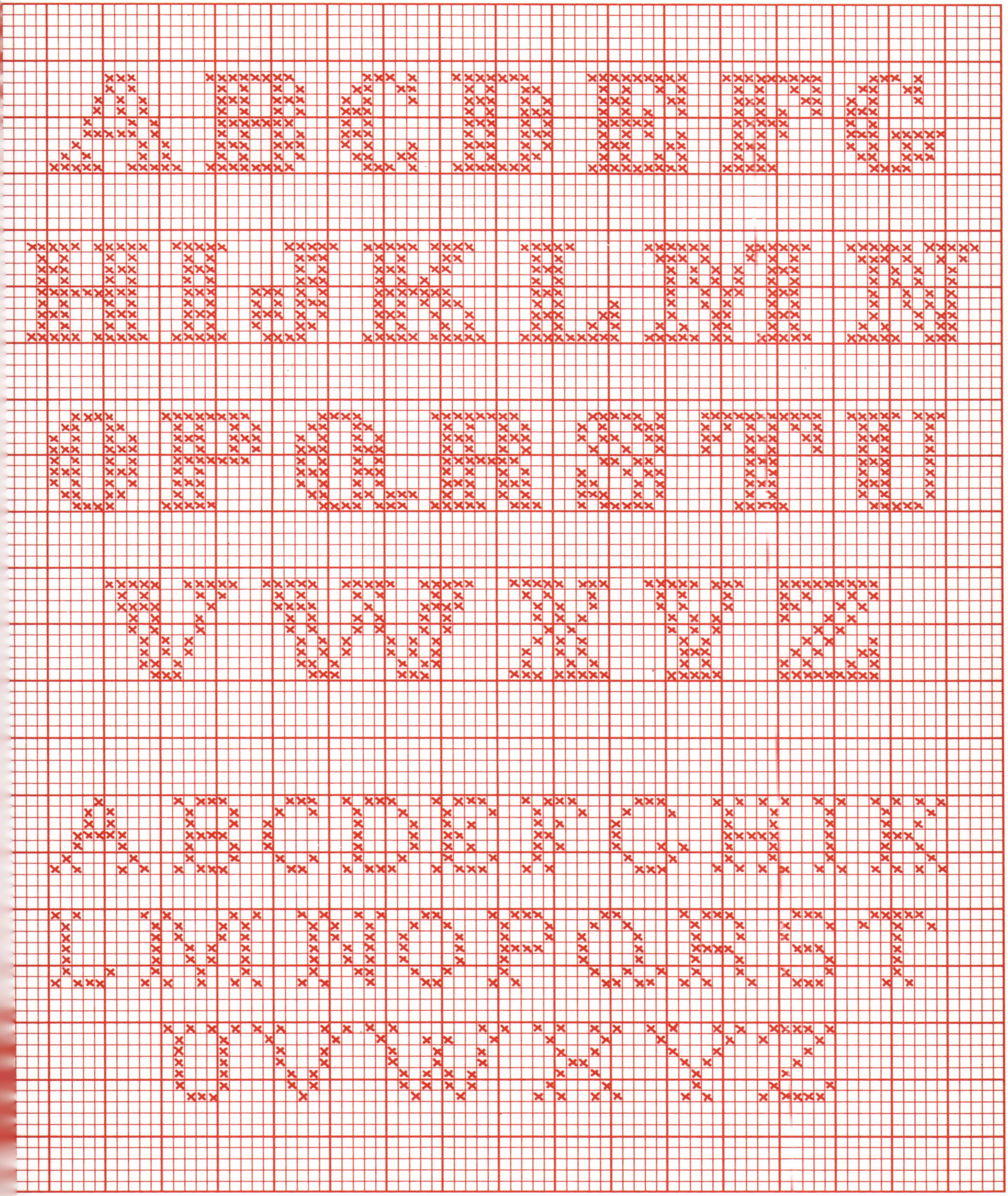

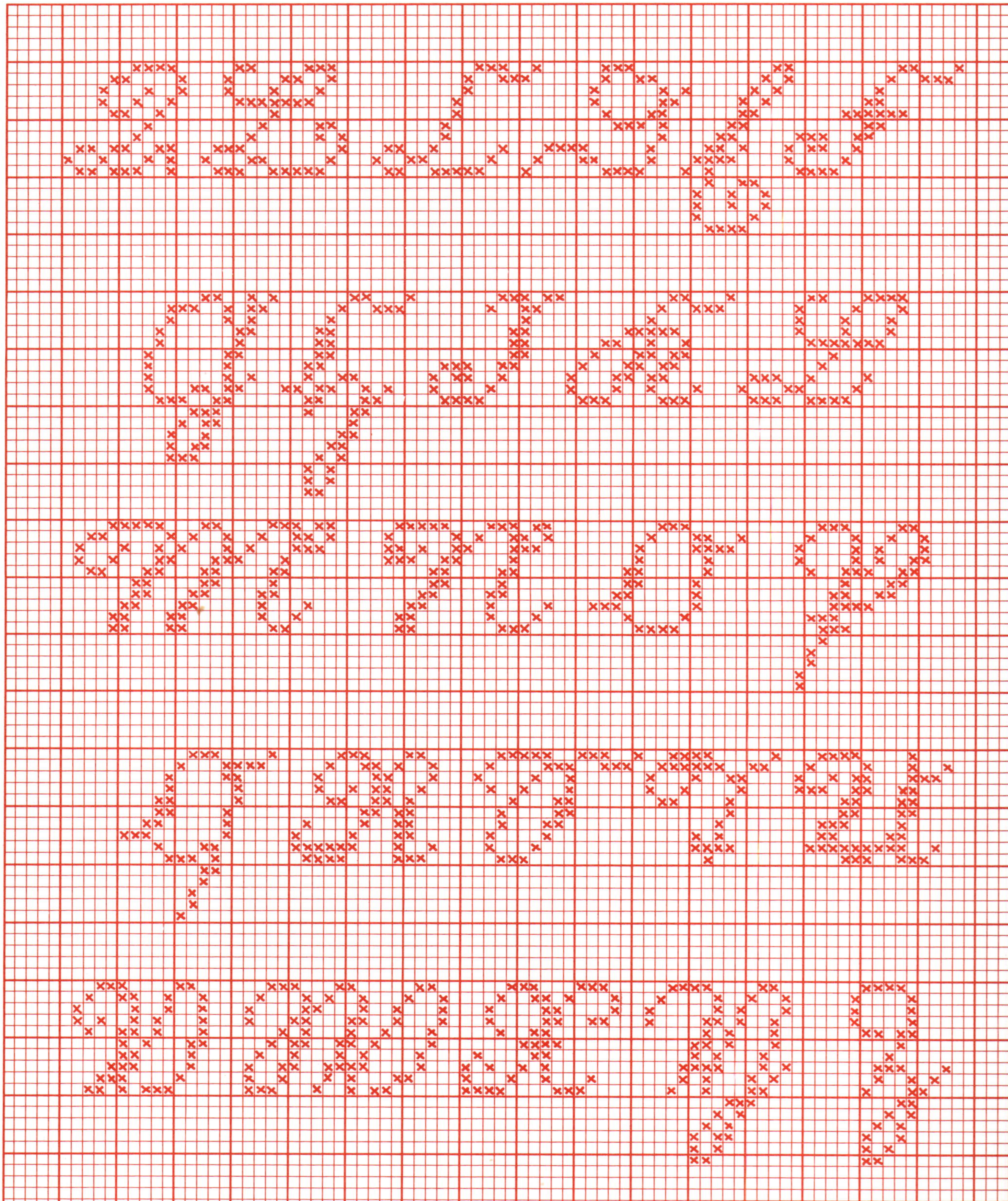

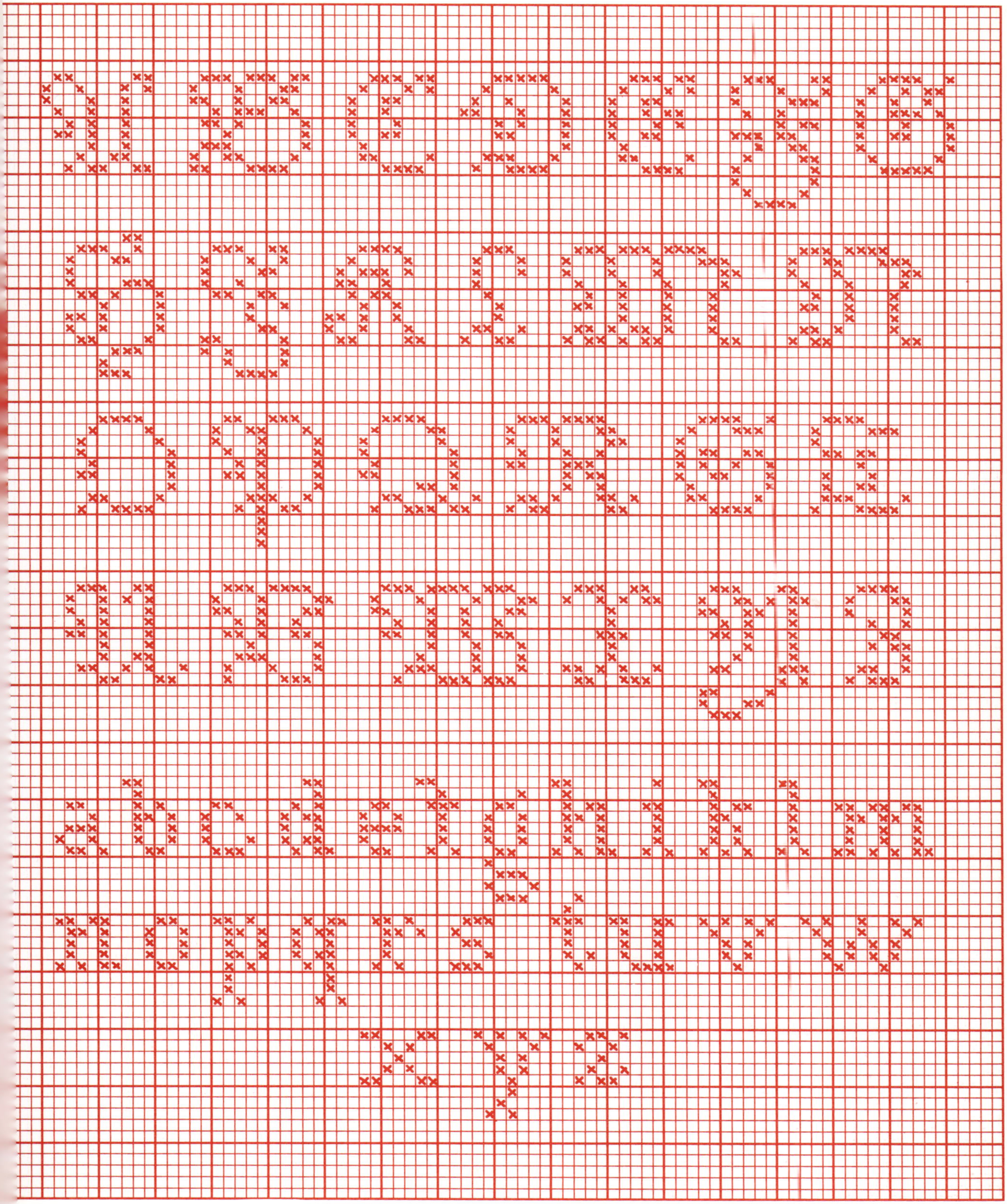

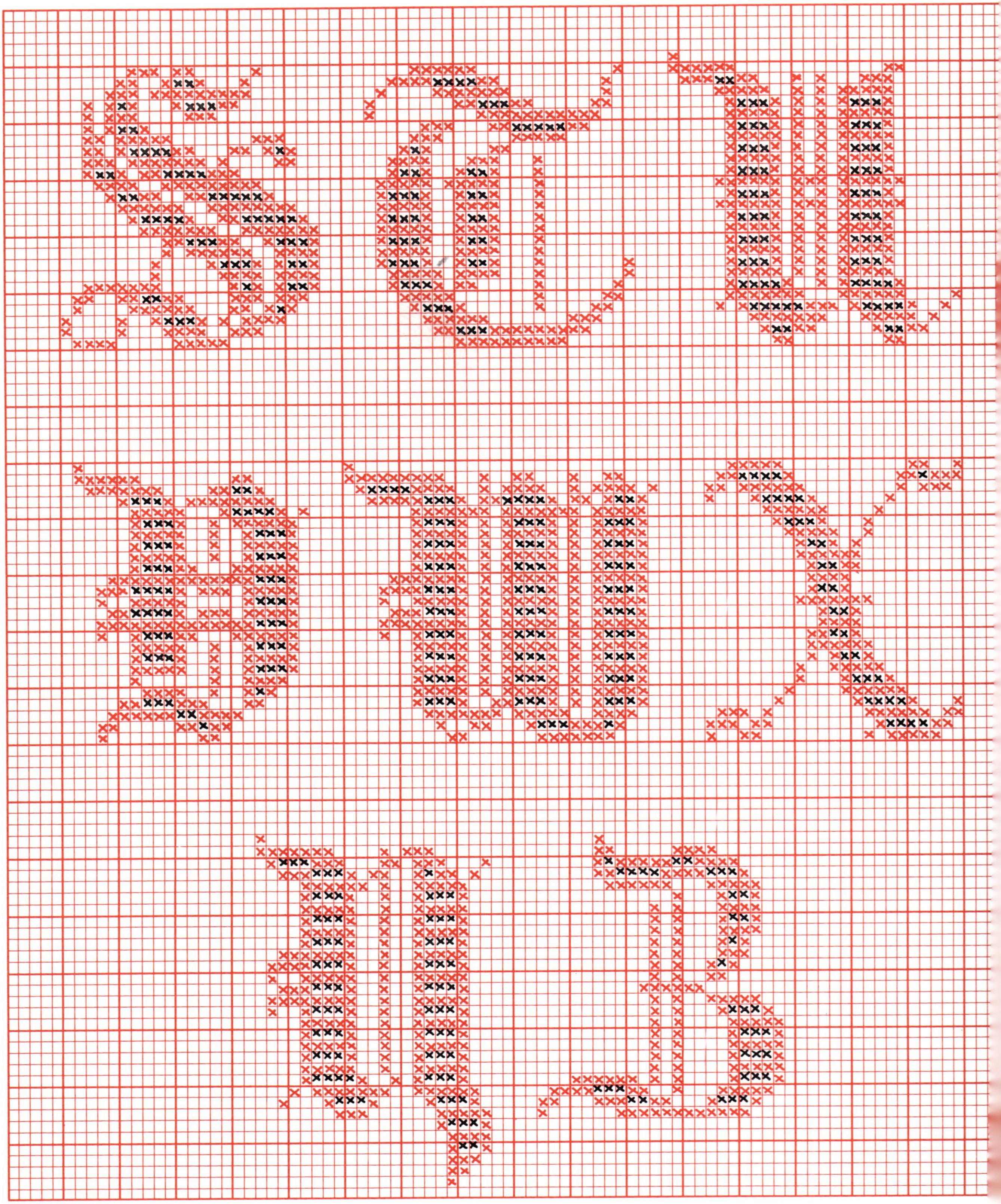

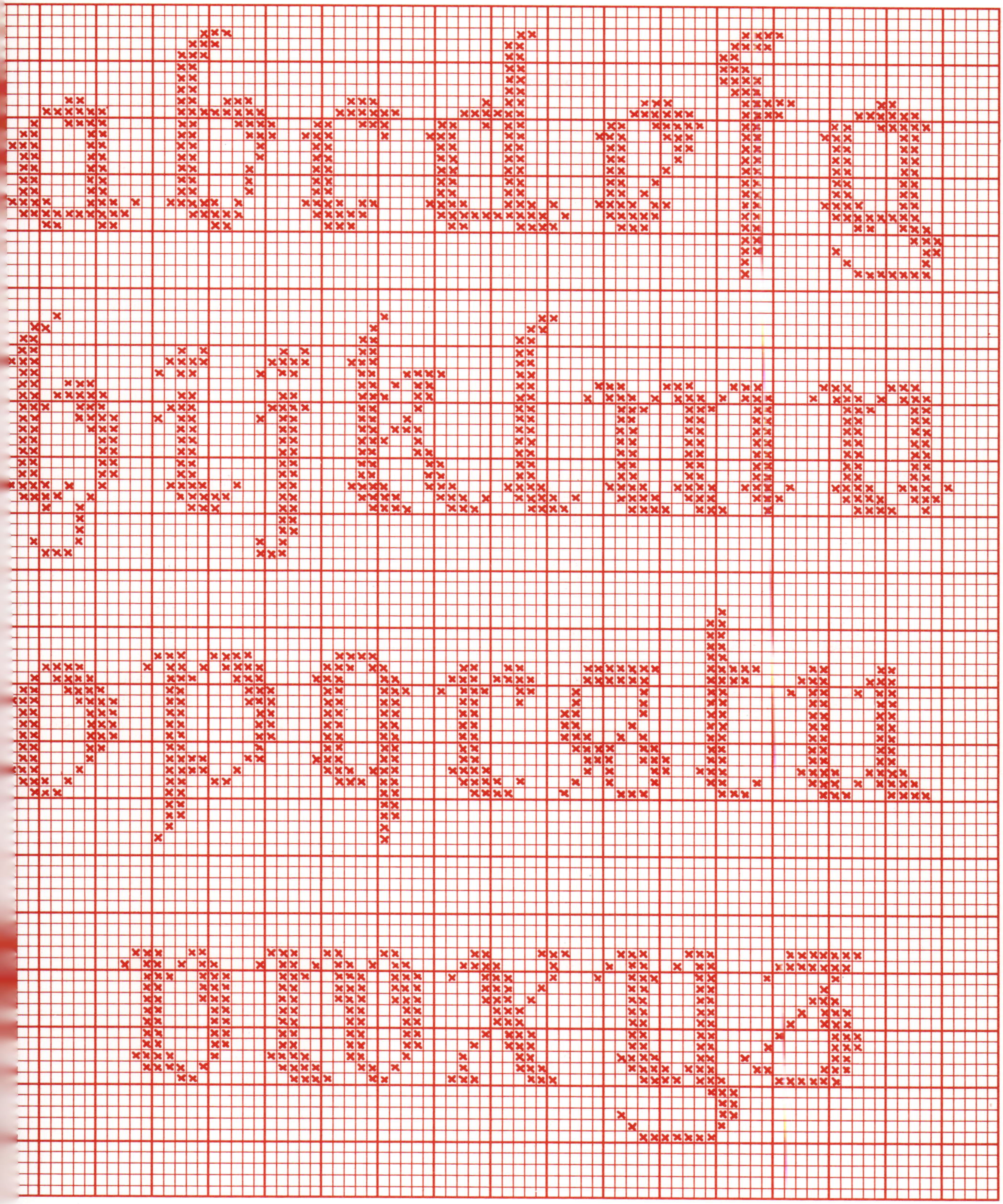

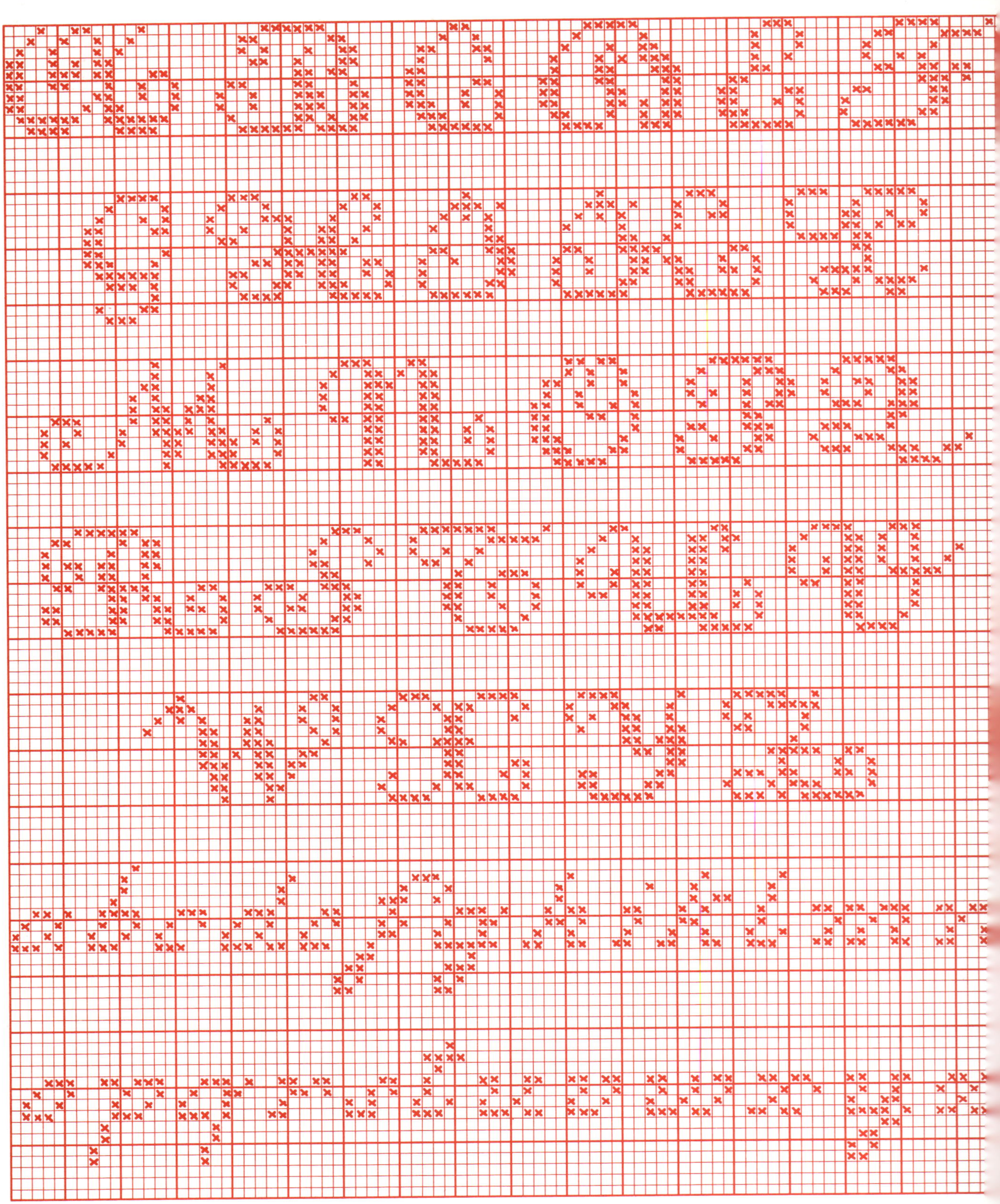

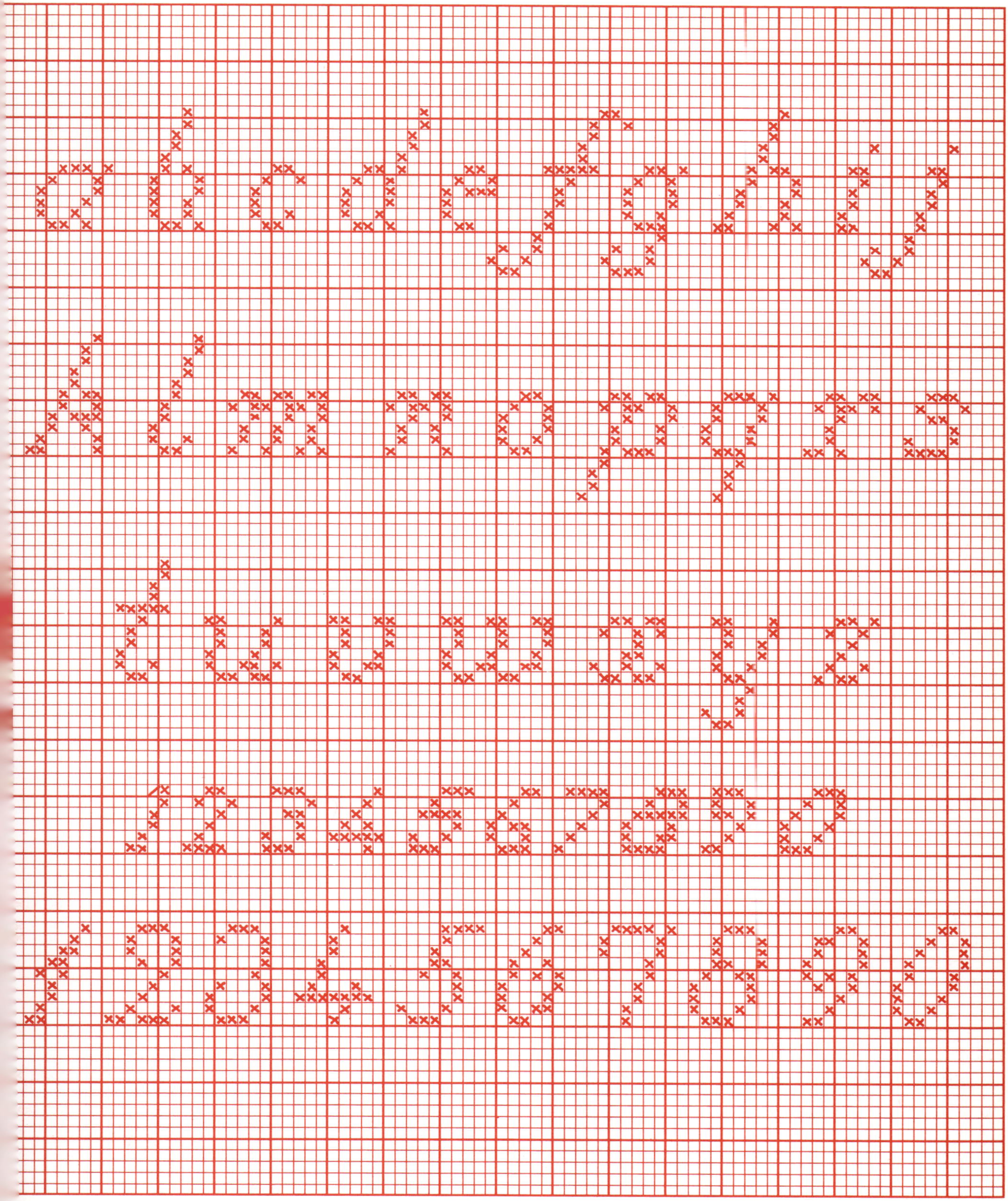

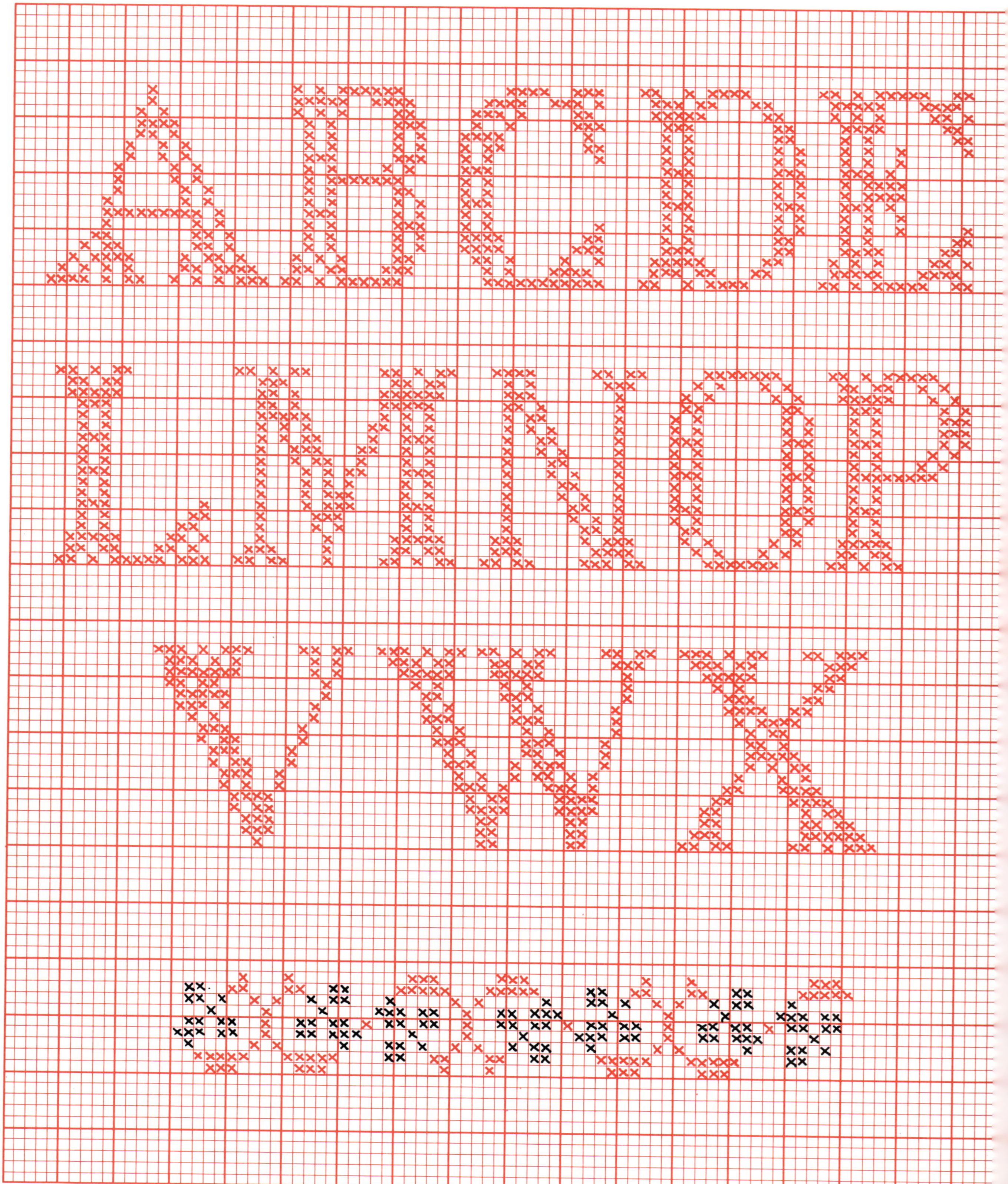

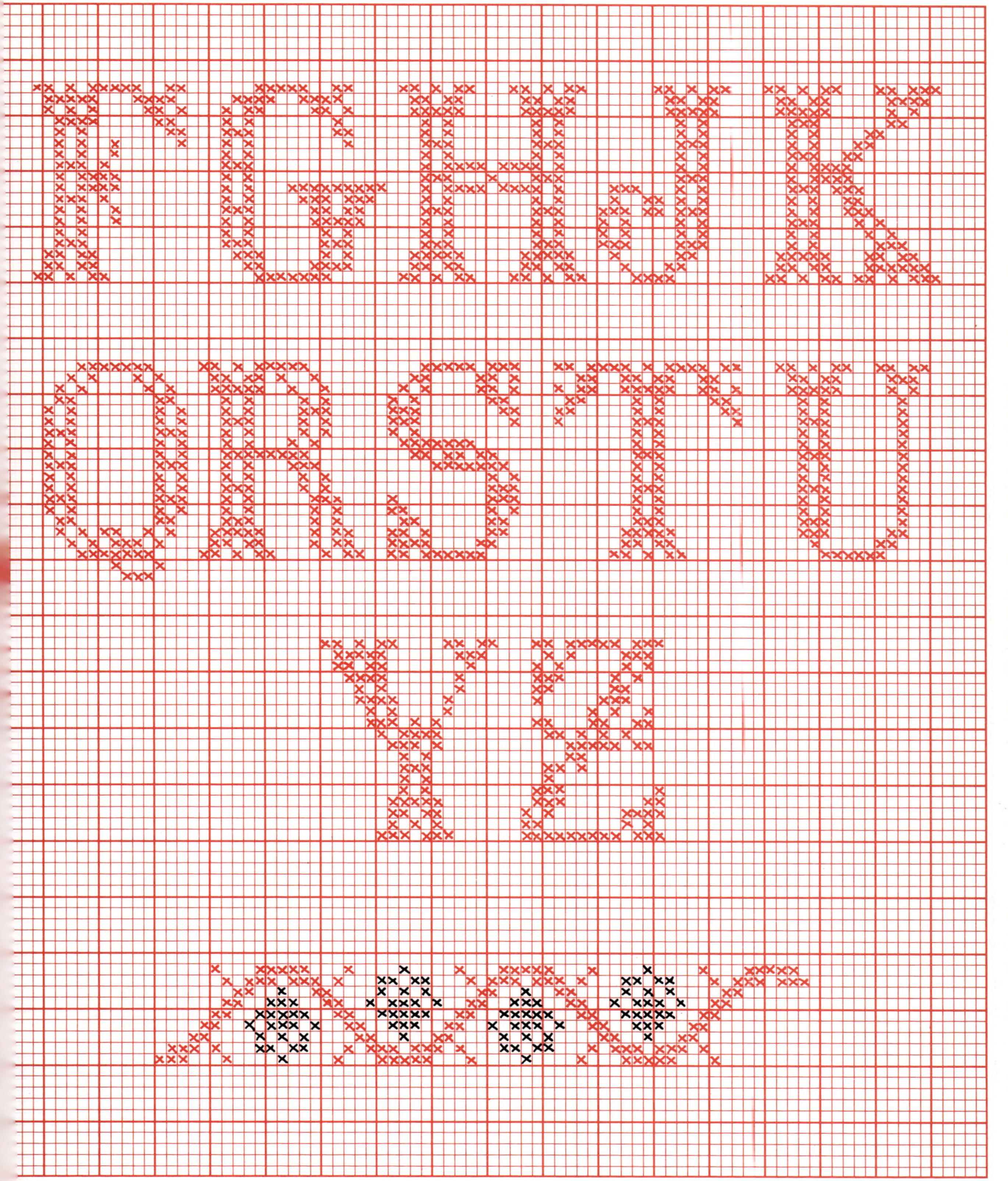

Vierte Auflage 1995

Fotos: Klaus G. Förg
Lithos: Typografica, Rosenheim
Gesamtherstellung: Ludwig Auer GmbH, Donauwörth

ISBN 3-475-52549-6